Ulrike Edschmid
Verletzte Grenzen

Ulrike Edschmid
*Verletzte Grenzen*
*Zwei Frauen,*
*zwei Lebensgeschichten*

Luchterhand Literaturverlag

Lektorat: Christiane Gieselmann
Copyright © 1992 by Luchterhand Literaturverlag GmbH,
Hamburg · Zürich
Alle Rechte vorbehalten
Umschlagentwurf: Max Bartholl
Umschlagfotos: Lotte Fürnberg, Foto Hannes Beckmann;
Monica Huchel, Privatfotos
Satz: Utesch Satztechnik GmbH, Hamburg
Druck und Bindung: Wilhelm Röck, Weinsberg
Gedruckt auf: »Alster Werkdruck« h'frei, geglättet,
chlorfrei, pH-neutral, alterungsbeständig
Steinbeis Temming Papier GmbH, Glückstadt
Printed in Germany
ISBN 3-630-86797-9

# Inhalt

*Vorwort*   7

*»Ohne Utopie kann ich nicht leben«*
Lotte Fürnberg   9

*»Jetzt werde ich dieses Haus nicht mehr verlassen,
nicht mehr diesen Garten«*
Monica Huchel   103

*Anhang*

*Biographische Daten*   177

*Anmerkungen*   185

*Namenregister*   215

*Fotonachweis*   218

Für E. P.

## *Vorwort*

Als ich im Frühjahr 1989 begann, mit Lotte Fürnberg und Monica Huchel Gespräche zu führen, wollte ich einen Zugang finden zu einer anderen Gesellschaft in einem anderen Land, das sich seit Jahrzehnten verschloß. Die Positionen von Stimme und Gegenstimme, von Innen und Außen schienen festgelegt: Lotte Fürnberg war mit ihrem Mann, dem Lyriker Louis Fürnberg, in dieses Land gekommen, weil sie in der sozialistischen Gesellschaft eine Antwort suchte auf die Not unserer Zeit. Monica Huchel hatte mit ihrem Mann Peter Huchel, dem Lyriker und Chefredakteur der Zeitschrift »Sinn und Form«, das Land verlassen, weil sie die Antwort dort nicht fand.

Mit beiden Frauen traf ich mich über lange Zeit. Als die Gespräche im Sommer 1990 beendet waren und ich aus unzähligen Stunden erfragten Materials die Geschichten zweier Leben schrieb, hatte sich alles verändert: Die Mauer, die unser Denken nahezu dreißig Jahre in Ost und West geteilt hatte, war verschwunden.

Während sich in der Arbeit an den Texten die Erinnerungen der beiden Frauen immer deutlicher abzeichneten, verfielen die historischen Strukturen, die ihr Leben auch geprägt hatten. Unversehens war aus Lebensgeschichte Zeitgeschichte geworden, die die Bilder einer sich neigenden Epoche festschrieb, an der beide Frauen – im Einvernehmen oder im Konflikt – teilhatten. Beide waren »Zeuginnen der ersten Stunde« in einem sozialistischen Land. Daß sie die östliche der westlichen Gesellschaft vorgezogen hatten, war eine politische Entscheidung von unterschiedlicher Tragweite. Als Lotte Fürnberg in die DDR kam und nach langen Jahren wieder festen Boden unter den Füßen spürte, begann der Grund, auf dem Monica Huchel stand, bereits zu schwanken. Zum Leben beider Frauen gehört das Exil als Daseinsform. Während es Lotte Fürnberg quer durch Europa bis nach Palästina trieb und Flucht und Ausgestoßensein bedeutete, verbannte es Monica Huchel nahezu zehn Jahre ins eigene Haus – umschlossen von sichtbaren und unsichtbaren Grenzen, mit denen der Staatssicherheitsdienst das Umfeld ihrer Existenz markierte.

Die Lebenswege von Lotte Fürnberg und Monica Huchel bleiben dissonant. Die Widersprüche bestehen zu lassen, ist eine Herausforderung, die wir im Chaos der einstürzenden Ideologien annehmen müssen. Die Chance des Verstehens liegt – jenseits aller Bedürfnisse nach Eindeutigkeit – einzig in der Begegnung mit den Menschen. Die Konturen der Schicksale beider Frauen schärfen sich in der Distanz. Verbindend ist die Liebe zum Dichter, der in sich die geheimen Zeichen der Zeit formt – und die Erfahrung in einem Land, das es nicht mehr gibt.

Ulrike Edschmid, Berlin 1992

*»Ohne Utopie kann ich nicht leben«*
Lotte Fürnberg

Mein ganzes Leben habe ich immer hoffen müssen. Die Hoffnung ist der Boden, auf dem ich stehe. Ich lebe wie der alte Mann in einem russischen Märchen, der in Sibirien einen wetterfesten Birnbaum pflanzen wollte und sich auf die Suche nach Setzlingen macht, obwohl er es gar nicht mehr erleben wird, daß dieser Baum einmal Früchte trägt.

Ich habe auch heute noch Hoffnung. Ich habe auch noch angesichts der Tausende von Menschen gehofft, die im Sommer 1989 unser Land verließen. Es gibt auch andere, dachte ich, die nicht gehen, und das gab mir Kraft. Ich habe gehofft, daß die Menschen sich besinnen, daß sie doch noch begreifen, daß etwas geschehen muß. Denn immer noch glaube ich an die Vernunft. Zu oft stand ich in meinem Leben an einem Abgrund, um nicht zu wissen, daß es immer noch eine Chance gibt.

Ich lebe jetzt fast vierzig Jahre in diesem Land. Thüringen ist meine Heimat geworden – auch wenn sie ursprünglich ganz woanders lag. Vom Haus meiner Großeltern konnte ich auf das Riesengebirge schauen. Erst als ich Böhmen verlassen mußte, erst in der Emigration spürte ich, wie sehr ich es liebte. Diese Liebe hat nichts mit einem nationalen Gefühl zu tun. Es ist die Natur, die Landschaft, mit der ich am tiefsten verbunden bin. Auch schon bevor ich vor den Nazis fliehen mußte, habe ich mich als Weltbürgerin gefühlt. Nationalismus hat mich immer abgestoßen, er hat nur Unglück über die Menschen gebracht.

Ich bin 1911 in Prag geboren. Mein Vater hatte tschechische Schulen besucht und in Karlsruhe Chemie studiert. Er sprach Tschechisch wie Deutsch, aber wir waren Deutsche. Es gab deutsche Theater, deutsche Schulen und eine deutsche Universität, wo es schon vor dem Einmarsch der Nazis hieß: »Juden raus«. Meine Freundin, die sich weigerte, die Vorlesung zu verlassen, wurde von nationalsozialistischen Studenten rausgeschleift. Bis zum Beginn des Nationalsozialismus lebten wir ganz und gar innerhalb der deutschen Kultur. Die meisten Freunde sprachen Deutsch. Als junge Frau begann ich, mehr und mehr Tschechisch zu sprechen. Es gab in Prag das wunderbare »Befreite Theater«, wo die beiden berühmten politischen Clowns Voskovec und Werich auftraten. Um die Anspielungen mitzubekommen, mußte man Tschechisch verstehen können. Das »Befreite Theater« wurde sofort geschlossen, als die Deutschen in den Grenzgebieten einmarschierten.

Meine Mutter konnte sich in Tschechisch mühsam verständigen. Sie liebte Wien, und mein Vater zog kurz nach meiner Geburt mit uns dorthin.

Als der Erste Weltkrieg ausbrach, war mein Vater als Offizier in Galizien. Meine Mutter und ich zogen von Wien nach Trautenau zu den Großeltern. Im letzten Kriegsjahr war mein Vater im Kriegsministerium in Wien tätig, und meine Mutter und ich kamen wieder nach Wien. Ich hatte eine Privatlehrerin, die mich im ersten Schuljahr zu Hause unterrichtete, und ein Kinderfräulein, das mich im Park spazierenführte. Im Herbst 1918 gingen meine Mutter und ich wieder zu meinen Großeltern nach Trautenau. Dann wurde die Österreichisch-Ungarische Monarchie aufgelöst, und es entstand die Tschechoslowakei*. Mein Vater besaß eine Fabrik in Böhmen, die Spiritus und Essig produzierte, und meine Eltern zogen zurück nach Prag.

---

* Zu Geschehnissen, Namen und Daten siehe den ausführlichen Anmerkungsteil S. 185 ff.

Meine Eltern waren Juden – sehr wohlhabend und nicht religiös. Mein Vater war Freimaurer, »Meister vom Stuhl«. Es lag etwas Geheimnisvolles über allem, was damit zu tun hatte. Später habe ich mich immer ein wenig darüber lustig gemacht, weil es mir wie eine Spielerei von erwachsenen Männern vorkam. Es hieß, daß sich die Freimaurer beim Händedruck mit geheimen Zeichen verständigten. Frauen waren nicht zugelassen, nur manchmal gab es ein Essen in einem Restaurant, an dem Frauen und Töchter teilnehmen durften. In der Schule schrieb ich einmal einen Aufsatz über das Freimaurertum, und ich befragte meinen Vater, der mir erklärte, daß sich die Freimaurer als humanistische Vereinigung verstanden. Es sollte keine Standesunterschiede geben, und es könnten auch Arbeiter aufgenommen werden. In Wirklichkeit waren es meist Industrielle, hie und da Lehrer und Künstler. Wenn ein Maler aus einer Loge starb, kauften die Logenbrüder bei der Witwe die Bilder. Ich habe noch eines von solchen Bildern aus dem Besitz meines Vaters. Viele Männer traten damals in die Loge ein, um sich Beziehungen zu verschaffen. Es war eine Zeit fürchterlicher Arbeitslosigkeit und Armut. Als junges Mädchen sah ich Menschen, die vor den Garküchen Schlange standen, um sich ein Töpfchen Suppe zu holen. Ich sah, wie sie in Höhlen vor Prag lebten, weil sie ihre Wohnungen verloren hatten – und es hat mich sehr nachdenklich gemacht.

Ich schämte mich, als Fräulein Wertheimer im Reitanzug mit der Gerte an diesen Menschen vorbeizugehen, und ich hörte auf zu reiten, obwohl ich es leidenschaftlich gern tat. Mein Vater spendete Geld, das gehörte zu seiner Lebenseinstellung, aber ich wollte etwas anderes. Ein paar Mal habe ich in diesen Küchen mitgeholfen und Suppe ausgeteilt, aber ich litt darunter, nur mildtätig zu sein. Ich wollte etwas verändern.

Meine Großeltern waren das Zentrum meiner Kindheit und Jugend. Geborgenheit fand ich nur bei ihnen, was meinen Vater kränkte, denn ich war das einzige Kind. Als das Haus, das er nach dem Krieg baute, fertig war, mußte ich nach Prag kommen und auch dort in die Schule gehen. Es war schrecklich und ich weinte. Das Haus meiner Großeltern in Trautenau war für mich das Paradies auf Erden, und in all den kommenden Jahren fuhr ich schon am ersten Ferientag nach Trautenau und war selig, wenn ich meinen Großvater erblickte, der mich am Bahnsteig erwartete.

Meine Mutter beschäftigte sich am liebsten mit dem Haushalt und ihren Kleidern. Sie orientierte sich völlig an meinem Vater, der sehr viel älter als sie war. Es war ihr ganz lieb, daß ich mich so sehr den Großeltern anschloß, weil sie selbst sehr kindlich und zeit ihres Lebens von ihrer Mutter abhängig war. Mit mir als Kind konnte sie selbst noch ein wenig Kind bleiben. In der Liebe zu meinen Großeltern haben wir uns getroffen. Meine Mutter war so unselbständig, daß sie nicht in der Lage war, allein eine Fahrkarte zu lösen. Wenn sie einkaufen ging, ließ sie sich vom Chauffeur fahren. Sie war liebenswürdig und gar nicht streng. Ich liebte sie. Aber als ich älter wurde, spürte ich, daß ich ihre Form des Lebens niemals würde teilen können. Von meinem Dasein als Frau hatte ich ganz andere Vorstellungen als sie. Daß sie mir niemals Fesseln anlegte, habe ich sehr an ihr geschätzt. Vielleicht hat sie tief innerlich gespürt, daß das Leben, wie sie es lebte, ohne zu handeln und ohne über irgend etwas genauer nachzudenken, leer war. Sie hat den ganzen Tag geputzt und lief in einer

Kleiderschürze herum, obwohl sie eine Köchin hatte, ein Stubenmädchen und eine Näherin. Sie hat sinnlos geputzt und endlos im Bad die Kacheln gewaschen. Das Bad war ihr liebster Ort. Es mußte so groß wie ein Zimmer sein und schien der einzige Platz im Leben, an dem sie sich sicher fühlte. Wenn gute Freunde kamen, gingen sie direkt ins Bad. Sie wußten, daß sie sie dort antreffen würden. Wenn es klingelte, gab sich meine Mutter in der Kleiderschürze oft als ihr eigenes Dienstmädchen aus. »Frau Wertheimer ist nicht zu Hause.« Nur wenn sie ausging, war sie sehr elegant und trug Kleider vom besten Prager Schneider. Sie war eine wunderschöne Frau. Ich habe mich auch gerne gut angezogen, aber ich lehnte es ab, zum besten Schneider zu gehen, und ließ meine Kleider woanders nähen. Kleider standen nicht im Mittelpunkt meines Lebens, wie es bei meiner Mutter war. Von meinem Leben hat sie sich gar keine Vorstellungen machen können.

Als ich ein junges Mädchen war, reisten wir in die Schweiz und stiegen in einem Nobelhotel ab. Mein Vater wollte ausgehen, aber meine Mutter verschwand sofort im Bad. Mein Vater tobte, während sie ihre Handschuhe und Seidenwäsche wusch. Sie war wie ein Kind. Ein warmherziges und naives Kind. Sie schirmte die Strenge meines Vaters ab. Sie bewunderte ihn. Er war klug, aber er hatte in dieser Ehe keine Ansprache. Es kränkte mich, daß er meine Mutter niemals ernst nahm. Er hatte Freundinnen. Meine Mutter wußte es, ohne jemals etwas darüber zu sagen. Es war eben so. Ich habe sie beide bedauert, weil sie so aneinander vorbeilebten und doch einer so an den anderen gebunden war. Ich war entschlossen, es anders zu machen, und es erschien mir wie eine Offenbarung, fast wie ein Märchen, daß alle meine Träume in Erfüllung gingen, als ich Louis Fürnberg traf.

Ich wollte nicht wie meine Mutter sein – und mit meinem Vater mußte ich um alles kämpfen. Um jedes Theaterstück, das ich sehen wollte, gab es entsetzliche Auseinandersetzungen. In ein Stück von Oscar Wilde durfte ich nicht gehen, weil es als eine »triviale Komödie« untertitelt war. Als ich zwanzig war und abends ausging, sprach mein Vater nicht mit mir, und wir saßen schweigend am Tisch. Meine Mutter schien mir ohne jede eigene Identität. Sie sah nicht, was um sie herum geschah. Die Welt außerhalb ihrer Wahrnehmung interessierte sie nicht. Als die Nazis kamen, folgte sie meinem Vater über Südfrankreich nach Uruguay. Er starb dort kurz nach dem Krieg. Meine Mutter kehrte 1956 zu mir zurück und starb nach einem schrecklichen, langen Siechtum 1968 in Weimar. Es hatte für sie nur einen Mann gegeben, das war mein Vater, und es gab für sie nur ein Kind, das war ich.

Daß ich immer um alles habe kämpfen müssen, hat gewiß meine politische Entwicklung mitbestimmt. Ich war schon als Mädchen der Meinung, daß eine Frau arbeiten müsse, um frei zu sein, daß sie einen Beruf, ein Ziel haben müsse, das über sie selbst hinausgeht, um eine Persönlichkeit zu sein. Ich meine damit nicht die Art von Selbstverwirklichung, die heute so viele Frauen für sich in Anspruch nehmen. Das ist mir fremd, weil es mir so oft wie eine übertriebene Beschäftigung mit dem eigenen Ich vorkommt. Ich habe in den Jahren mit Louis Fürnberg niemals das Gefühl gehabt, auf etwas verzichten zu müssen. Ich denke auch, daß viele Dinge, die heute als Probleme zwischen den Geschlechtern verstanden werden, mit den jeweiligen Eigenschaften der

Menschen zu erklären sind. Fürnberg hat Windeln gewaschen, aufgeräumt und abgewaschen. In der Emigration kam es manchmal zum Streit, weil er verlangte, daß ich hinausgehe und er das Kind versorgt, obwohl ich oft gar keine Lust dazu hatte, weil ich von der Hitze am Ende meiner Kräfte war.

Meine Erziehung war die übliche Erziehung einer höheren Tochter. Mit siebzehn Jahren mußte ich das Gymnasium verlassen. Ich sollte Klavier spielen, was ich nicht wollte, weil ich vollkommen unmusikalisch bin. Keine Melodie kann ich nachsingen, auch nicht die Lieder von Louis Fürnberg, deren Worte ich auswendig weiß. Nur manchmal, wenn ich allein bin, singe ich vor mich hin und weiß, daß es falsch ist, was ich singe. Seltsamerweise hatte ich immer enge Beziehungen zu Menschen, für die Musik sehr viel bedeutete, während ich so unmusikalisch war, daß es für mich, so meinten meine Freunde, völlig gefahrlos gewesen wäre, beim Einmarsch der Deutschen die Internationale zu singen, denn es hätte sie ja doch niemand erkannt.

In meiner Jugend waren es drei Quellen, aus denen sich meine politische Entwicklung formte und die mich von meiner Herkunft trennten. Zum einen war es das, was ich in den Straßen von Prag sah. Der Widerspruch zu meinem Leben hat mich bedrückt und beunruhigt. Da war diese Armut, die Arbeitslosigkeit, diese Hoffnungslosigkeit, und dagegen der Wohlstand meines Elternhauses und mein Vater, der Freimaurer, der das Elend zwar sah und Almosen gab, aber gar keine Konsequenzen daraus zog. Dann begann ich in der »Weltbühne« zu lesen, was Tucholsky und Walter Mehring schrieben, und sammelte jede Nummer. Die dritte Quelle war Oskar Kosta, der in Prag Kunstgeschichtskurse gab, die ich besuchte, als ich schon nicht mehr zur Schule ging. Er war Marxist, ohne in einer Partei zu sein. Mein Vater nannte ihn das größte Übel in meinem Leben und verdächtigte mich, in ihn verliebt zu sein. Aber das war es nicht. Er war ein verehrter Lehrer, der sehr viel älter war als ich, und ich habe mich nie in ältere Männer verliebt. Er hatte die Fähigkeit, mich und andere so zu beeinflussen, daß sich unser Leben änderte – und ich begann für mich allein das »Kapital« durchzuarbeiten. Ich lag mit dem Bleistift in der Hand im Garten meiner Großeltern und war fasziniert von der Wissenschaftlichkeit und Logik, mit der Marx die gesellschaftlichen Vorgänge analysiert und die Entwicklung hin zu einer sozialistischen Gesellschaft beschreibt. Damals schien mir dieser Weg kurz und einleuchtend. Heute glaube ich, er wird länger dauern, sehr viel länger, als wir dachten.

Ich las die »Kinderkrankheiten des Sozialismus« von Lenin und Engels' »Ursprung der Familie und des Privateigentums«. Dazu las ich Wedekind, Feuchtwanger, Heinrich Mann, Shaw und Brecht. Es gab in Prag einen Brecht-Club. Wir haben dort das Intellektuelle gesucht, das mit dem Verstand Faßbare. Es war uns wichtiger als das Gefühl. Wir wollten lernen, Zusammenhänge zu verstehen. Kosta, der Lehrer, verkörperte etwas, was anders war als mein inhaltsleeres Elternhaus – Veränderung und Sinn des Lebens. An Kosta wurde uns klar, daß eine Gesellschaft, die keine Aufgabe für ihre Jugend hat, nicht in Ordnung sein kann. Als wir die Schule verließen, weinten wir, weil sich für nichts von dem, was wir tun wollten, irgendeine Chance bot. Hinter allem stand Hoffnungslosigkeit. Was hätte ich gern getan? Mein Onkel war ein großartiger Arzt. Ich hätte gern Medizin studiert, aber ich hatte kein Abitur machen dürfen. Es wäre auch schwierig gewesen zu arbeiten, denn ich steckte in einem Zwiespalt. Um anderen nicht die Arbeit wegzunehmen, wäre es richtig gewesen, von dem Geld zu leben, das die Fabrik meines Vaters abwarf. Aber ich wollte »gebraucht« werden, nützlich sein. Ich wollte in der Gesellschaft einen Platz haben.

Mein Vater schickte mich nach England, um mein Englisch zu verbessern. Ich wohnte als »paying guest« bei einer Familie in London und ging in die Museen. Aber ich hatte Heimweh und fühlte mich in der Fremde wie ausgesetzt.

Als ich zurückkam, wollte ich einen Beruf lernen. Mein Vater stimmte schließlich zu und bot mir an, in seinem Büro zu arbeiten. Ich habe das wirklich drei Jahre ausgehalten – Stenographie und Schreibmaschine. Aber ich konnte dort nicht bleiben, und als ich dreiundzwanzig war, begann ich, mich auf einer Fachschule als Bibliothekarin ausbilden zu lassen. Nach dem Examen nahm ich 1936 in einer großen Bibliothek in Prag eine Stelle an. Innerhalb dieser Bibliothek gab es eine Wanderbibliothek für die deutschen Gemeinden in der Tschechoslowakei. Wir stellten Bücherpakete zusammen und verschickten sie an die verschiedenen Gemeinden. Nach einer Weile kamen sie, gelesen oder nicht, wieder per Post nach Prag zurück. In den Buchsendungen befand sich alles damals Übliche, von der Klassik bis zu neueren Ausgaben. Ich habe versucht, auch das, was die Nazis Asphaltliteratur nannten – Döblin, Tucholsky, Sinclair Lewis, Upton Sinclair, Walter Mehring und Feuchtwanger –, in die Pakete zu packen und die Blut-und-Boden-Literatur wegzulassen. Ich mußte monatlich einen Katalog verbotener Bücher als Heft zusammenstellen. Eines von diesen Heften habe ich noch. Es ist auch ein Bändchen mit Songs darin aufgelistet, das Louis Fürnberg herausgegeben hatte.

Bis zum Beginn des Nationalsozialismus habe ich mich nicht als Jüdin gefühlt. Nur ein einziges Mal hatte ich als Kind die Erfahrung des Ausgeschlossenseins gemacht, als irgendwelche Jungen sagten: »Die Schaukel ist kaputt, da hat eine Jüdin drauf gesessen.« Aber zu Beginn der dreißiger Jahre, kurz nachdem Hitler an der Macht war, ging ich mit meiner Mutter ins Riesengebirge zum Pilzesuchen. In einer kleinen Baude tranken wir Kaffee. Meine Mutter, eine Frau mit roten Haaren, die keineswegs jüdisch aussah, hatte beim Herausgehen vergessen, die Tür hinter sich zu schließen. Da rannten ein paar nazi-deutsche Wanderer, die dort Rast machten, mit ihren Stöcken hinter meiner Mutter her und schrieen: »Saujüdin, hast wohl einen Diener, der hinter dir die Türen zumacht!« Da nahm ich mir auch einen Stock und schrie zurück.

In Prag war ich mit der Tochter eines jüdischen Gemeindevorstands befreundet. Wir hatten heftige Diskussionen über den Zionismus, den ich immer abgelehnt habe. Karl Kraus hatte sich schon 1898 mit vierundzwanzig Jahren in seinem Essay »Eine Krone für Zion« mit dem Zionismus auseinandergesetzt. Wenn ich heute in der Tschechoslowakei etwas gegen den Zionismus äußere, sagt man mir, ich sei Antisemitin. Das ist ein völliges Mißverständnis. Fürnberg und ich haben uns immer als Juden bekannt; es hat unsere politische Entwicklung mitbestimmt, und wir haben wie Ilja Ehrenburg gesagt: »Solange es noch einen einzigen Antisemiten auf der Welt gibt, werden wir uns als Juden bekennen.«

1932 begleitete ich meinen Vater auf eine Geschäftsreise nach Litauen, Estland und Lettland. Als ich in Riga mit einer Gruppe ein altes gotisches Haus besichtigen wollte, sagte die Führerin, daß kein Jude das Haus betreten dürfe, aber ich tat es trotzdem. In Kaunas sah ich zum erstenmal Ostjuden. Ich war entsetzt über dieses fürchterliche Elend, über das Ausgeschlossensein dieser Menschen. Ich habe mir nicht vorstellen können, daß ich wenige Jahre später ebenso ausgeschlossen sein würde.

In dieser Zeit habe ich mich zum erstenmal verliebt. Er war Komponist und außer mit mir auch noch mit Gerti Hermann, der Tochter von Franz Kafkas Schwester Elli, befreundet. Ich hatte damals noch nichts von Kafka gelesen, er war ja schon lange tot, und unsere Kreise hatten sich nicht berührt. Jetzt stand zwischen seiner Nichte und mir der Komponist, der aus diesem Zwiespalt bis nach Indien floh, wozu ich ihm das Geld gab. Er sagte, er werde mich nie vergessen und heiratete bald darauf Gerti Hermann per Ferntrauung, was ich in Prag in der Zeitung las.

Er war meine erste große Liebe. Meine Eltern wußten nichts davon. Wir trafen uns heimlich. Schwanger durfte ich nicht werden. Es war keine Frage der Moral für mich, es wäre einfach eine Katastrophe gewesen. Die Liebe war in diesen Zeiten immer mit Angst verbunden. Meine Freundinnen und ich legten eine geheime Rücklage für den Notfall an. Ich hatte dreitausend Kronen – das waren drei Monatsgehälter. Dafür machte ein guter Arzt eine Abtreibung. Ich ahnte nicht, daß ich – längst bevor ich ihn selber traf – dieses Geld einmal für Fürnberg spenden würde, damit er in die Schweiz reisen konnte, um dort seine Tuberkulose auszuheilen. Vorher aber verliebte ich mich in einen anderen, sehr schönen Mann, der auch sehr musikalisch, aber leider auch Trotzkist war. Es gab entsetzliche Diskussionen und Konflikte.

Meine Freunde befürchteten, er könne mich beeinflussen, aber wir blieben beide, was wir waren. Trotzkismus hieß Feindschaft zur Sowjetunion, und das war entscheidend. Um das verstehen zu können, muß man sich vorstellen, was die Sowjetunion, für uns bedeutete. Auf der einen Seite war Hitler bereits an der Macht, und drei Millionen Deutsche aus den Randgebieten der Tschechoslowakei wollten »heim ins Reich«. Auf der anderen Seite entwickelten sich in diesem riesigen Land all die Vorstellungen, die wir uns von einem anderen, gerechteren Leben machten. Die Stellung zur Sowjetunion war für uns das Entscheidende für das Verhältnis zu einem anderen Menschen. Es war die Trennlinie. Die meisten Intellektuellen stützten damals ihre Hoffnungen auf das, was in der Sowjetunion geschah. Gegen dieses Land zu sein hieß auch, gegen die Hoffnung zu sein. Trotzki war ein sehr kluger Mann, ein Feuerkopf, möglicherweise auch ein wenig Anarchist. Wenn Lenin länger gelebt hätte, wäre es ihm vielleicht gelungen, Trotzki in seine Vorstellungen zu integrieren. In vielem hatte Trotzki ja auch recht, nur kann ich das erst heute so sehen.

Wir fühlten uns tief mit der Sowjetunion verbunden. Wir wußten noch nichts von den Verbrechen Stalins, und es war später für uns ein furchtbarer Schlag zu hören, was sich abgespielt hatte. Nach den ersten Enthüllungen Chruschtschows 1956, trafen wir Walter Ulbricht in Berlin im Theater. »Na, was meinst du«, sagte Ulbricht zu Fürnberg, »hat die Partei immer noch recht?« Da sagte Fürnberg: »Du kannst dich irren, und viele andere können sich irren, aber eine Partei, die auf marxistischer Grundlage aufgebaut ist, die behält letztlich doch recht.«

Fürnberg ahnte, daß ihm das Lied von der Partei, die immer recht hat, einmal sehr schaden könnte. Er hatte es 1949 geschrieben, vor dem IX. Parteitag der Kommunistischen Partei der Tschechoslowakei, zu dem er, da er ein Deutscher war, nicht eingeladen wurde. Es war eine Kränkung, mit der er fertig werden mußte, und er schrieb dieses Lied, um vor sich selbst diese Kränkung zu rechtfertigen. Der Begriff Partei ist darin viel zu eng gefaßt. Es ist eine Vereinfachung, die auch Fürnberg so nicht mehr formuliert hätte. Man muß es aus der Zeit begreifen und aus der Situation. Aber Fürnberg glaubte, wie auch ich, an eine Partei, die sich erneuern und reinigen kann. Ich glaube das auch heute noch. Ich glaube auch jetzt noch, daß der Sozialismus der einzige Weg ist, menschenwürdige Lebensbedingungen auf dieser Welt zu schaffen, und mich verbindet mit diesem Gedanken eine tiefe Loyalität. Die marxistische Theorie ist nicht starr. Die Menschen sind es. Der Marxismus ist kein Dogma. Ein Dogma hat man aus ihm gemacht. Vielleicht ist der Sozialismus heute viel mehr als gesellschaftswissenschaftliches Denksystem und als Prozeß im Spiegel der jeweiligen Zeit zu begreifen. Es muß sich soviel ändern, und es hängt so vieles davon ab. In den Menschen ist so eine innere Leere. Warum müssen sie sofort alles haben, was sie sehen? Niemand hungert in unserem Land, alle haben ein Dach über dem Kopf – es mag hier vielleicht nur symbolisch klingen, aber es ist wichtig, sich immer wieder klarzumachen, daß dies auf der Welt ganz und gar nicht selbstverständlich ist. Ich habe in meinem Leben alles erlebt, vom Reichtum bis zur größten Armut. Wenn ich glücklich war, hat mir Armut nie etwas ausgemacht. Für Fürnberg war Geld zum Ausgeben da. Er war kein Asket, er liebte schöne Dinge und den Luxus guter Hotels. Wenn er gar nichts mehr besaß, hat er mir immer noch eine Blume gebracht. Fürnberg interessierte sich nicht für Geld. Dabei war er keineswegs verantwortungslos und hat sich, als er später so krank war, große Sorgen gemacht, was aus uns werden sollte. Aber Geld war für ihn kein Gesprächsthema; beim Frühstück nicht, weil dann der ganze Tag verdorben war, mittags nicht, weil dann das Essen nicht schmeckte, und abends hatte es sowieso keinen Sinn mehr, noch darüber zu reden. Fürnberg kam aus einer armen, frommen jüdischen Familie, die nach den religiösen Regeln lebte. Der Vater war ein kleiner Kaufmann, ein Abenteurer, der ständig verschuldet war. Zuerst fabrizierte er Schürzen, dann Tapezierzubehör. Fürnbergs Stiefmutter nähte Steppdecken für Hotels, und der jüngere Bruder webte auf einem Handwebstuhl Scheuerlappen, von denen mein Großvater auf meine Bitten hin später einige für seine Fabrik kaufte. Als junger Mann fuhr Fürnberg herum, um die Sachen zu verkaufen. Er war zeit seines Lebens besitzlos und wollte es auch sein. Ich kann über die Maßen verzweifelt sein, wenn ein Kind krank ist. Aber ich habe noch nie ein Zittern verspürt, wenn ich etwas verloren habe. Ich kann es nicht verstehen, wie wichtig den Menschen das Materielle geworden ist. Es ist mir tief innerlich fremd.

1934 trat ich in die Kommunistische Partei ein. Als ich begann, mich mit dem Marxismus zu beschäftigen, fand ich, daß er am konsequentesten in der Partei verwirklicht werden kann. Die meisten Menschen, die ich schätzte und mit denen ich befreundet war, gehörten dazu. Die Kommunistische Partei war damals die zweitgrößte Partei in der Tschechoslowakei. Im gleichen Jahr, als ich unter dem Decknamen Liese Werner Parteimitglied wurde, fuhr ich in die Sowjetunion. Ich hatte kein Geld für diese Reise, und so gab es mir mein Vater, damit ich mich selbst davon überzeugen sollte, wie entsetzlich der Kommunismus sei. Die Reise buchte ich als Gesellschaftsreise über ein Reisebüro. Wir waren achtzig Leute, von denen die meisten dachten wie mein Vater. Sie kamen, um ihr vernichtendes Vorurteil zu bestätigen. Mich hat die Reise ungeheuer beeindruckt. Ich hatte vorher intensiv Russisch gelernt und konnte mich ganz gut verständigen. Das Paradies auf Erden hatte ich nicht erwartet. Ich wußte ja, was für einen fürchterlichen Krieg das Land hinter sich hatte. Es war von achtzehn Nationen angegriffen worden und hatte sich jahrelang gewehrt. Es gab Armut und Hungersnot und in den Straßen die Besprisornyje, Banden von Kindern, deren Eltern in der Revolution umgekommen waren. Die Jungen waren geschickte Diebe, vor denen man sich hüten mußte, und die Mädchen waren oft Prostituierte. Es waren sehr viele, die versuchten, auf diese Weise zu überleben.

Als wir in Moskau ankamen, habe ich gleich Kontakt zu einer Gruppe von Flüchtlingen aufgenommen, die ich schon in Prag getroffen hatte. Es waren die sogenannten Schutzbündler, keine Kommunisten, aber aufständische sozialdemokratische Arbeiter, von denen viele in Wien 1934 in ihren Vierteln mit Maschinengewehren erschossen worden waren. Die Überlebenden waren als geschlagene Kämpfer in der Sowjetunion aufgenommen worden. Sie hatten Clubs, in denen ich sie traf und wo wir bis in den Morgen redeten und diskutierten. Ich war jung und beflügelt von dieser Aufbruchstimmung, in der die Tage gar nicht aufhörten und ohne Bruch in die Nächte übergingen. Die Straßen waren voll von Menschen, die beim Schichtwechsel aus den Fabriken kamen, Menschen aus allen Ländern. Ich war begeistert, als ich auf einem großen Schiff durchs Schwarze Meer fuhr und abends, wenn die Internationale gespielt wurde, alle aufsprangen und mitsangen. Das einzige, was mich störte, waren die Blumenbilder von Marx und Lenin in den Anlagen. Noch einmal habe ich eine solche Stimmung erlebt, als ich am 1. Mai 1986, ein Jahr nach dem Regierungsantritt von Gorbatschow und dem Beginn der Perestroika, in Moskau war. Ich habe mir niemals vorstellen können, welche Verbrechen in diesem Land geschehen würden, durch das ich mit so großer Hoffnung reiste. Isaak Babel war der erste Mensch, von dessen Verfolgung durch Stalin ich später hörte. Budjonny, der General, hatte sich bei Stalin über Babels Buch »Budjonnys Reiterarmee« beklagt: es stimme nicht, daß es dort so grausam zugegangen sei. Mir schien Babels Erzählung durchaus glaubwürdig, denn es war mir klar, daß es auch in revolutionären Armeen Brutalität gab. Babels Schicksal begriff ich als Unglück, aber nicht als Zeichen für ein Abgleiten in die Unmenschlichkeit, das, ohne daß wir es ahnten, bereits begonnen hatte.

Ich kehrte zurück. Meine erste Liebe war in Indien, meine zweite hatte ich überwunden. Ich war alleine und bereit für etwas Neues. Fürnberg war als politischer Sänger in Prag bekannt, aber ich war ihm noch nie begegnet. Man hatte ihm den Namen Nuntius, der Gesandte, gegeben, weil er einen satirischen Song auf eine Rede des Papstes geschrieben hatte, mit der der Papst die Arbeitslosen mit der Aussicht auf das Himmelreich vertröstete. Als die Nazis kamen, erwies sich der Name Nuntius als sehr nützlich, weil es zunächst gar nicht bekannt wurde, daß Fürnberg sich dahinter verbarg. In Artikeln von Max Brod hatte ich über Fürnberg gelesen.

Manchmal waren in den Zeitungen auch seine Gedichte abgedruckt. Mit seiner Agitproptruppe – es war nicht mehr das »Echo von links«, womit er eine gewisse Berühmtheit erlangt hatte, sondern »Das neue Leben« – war er für ein Kinderlager im Erzgebirge aufgetreten, und wir hatten dafür Karten verkauft. Da sich unser Leben in Prag im wesentlichen in Caféhäusern abspielte, kamen wir auch dorthin, um abzurechnen. Fürnberg hatte Fieber, als ich ihn im Café zum erstenmal sah. Es war November 1936. Es wurde Winter. Als der Frühling kam, bereiteten wir mit der Internationalen Arbeiterhilfe das Kinderlager im Erzgebirge vor. Oskar Kosta sollte mitkommen, um die Kinder zu betreuen, aber er wurde krank, und wir fuhren bei Fürnberg in Karlsbad vorbei, der für Kosta einsprang. Für vierundzwanzig Stunden wollte er bleiben, und er blieb eine ganze Woche. Als wir nach Prag zurückkehrten, wußten wir, daß wir uns nicht mehr trennen würden. Es war meine dritte Liebe, und es wurde die größte. Die zwanzig Jahre, die sie dauerte, waren viel zu kurz.

Als ich Fürnberg traf, war der Tod für ihn immer gegenwärtig: »Mein früher Tod geht neben mir...«, hatte er geschrieben. Er rechnete mit dem Sterben, und ich habe meine ganze Kraft dareingelegt, ihm diesen Gedanken zu vertreiben. Später sagte er: »Du hast mir meine schönsten Gedichtthemen genommen.« Fürnberg hatte 1935 während einer Tournee einen Blutsturz. Er dachte, die Tuberkulose sei unheilbar und er müsse aus der wenigen Zeit, die ihm noch blieb, das Beste machen. Er war all die Jahre so arm gewesen, daß er nach dem Grundsatz lebte, nur nicht zu viel zu essen, sonst dehne sich der Magen aus und man habe immer Hunger. Seine Tuberkulose war eine Hungertuberkulose. Tuberkulose war die Krankheit, vor der ich mich am meisten fürchtete.

Fürnberg liebte Rilke. Immer wieder, bis zu seinem Tod, hat er sich mit ihm beschäftigt. Als er noch sehr jung war, hatte er Rilke in Muzot aufgesucht. Seine frühen Gedichte sind sehr von ihm beeinflußt, manchmal zitiert er ihn ganz bewußt. Ich hatte den »Malte Laurids Brigge« gelesen, aber die Ergebenheit in die Krankheit darin lehnte ich ab. Ich mochte das Leiden nicht und habe mich mit Fürnberg heftig darüber auseinandergesetzt. Auch über Thomas Manns »Zauberberg« gab es zwischen uns lange Diskussionen. Fürnberg las darin eine Zeitlang wie in einer Bibel. Ich fand immer, man müsse alles daransetzen, eine Krankheit zu überwinden, und sich dem Leben zuwenden. Ich habe um Fürnbergs Lebenswillen gekämpft. Aus den Gesprächen und Auseinandersetzungen ist ein Buch hervorgegangen, das er mir gewidmet hat, das »Fest des Lebens«. Es ist die Geschichte einer Gesundung, und es erschien in der Schweiz zur gleichen Zeit, als Hitler in die Tschechoslowakei einmarschierte. Eigentlich arbeitete Fürnberg sehr langsam, aber dieses Buch schrieb er in den wenigen Wochen, die wir im Sommer 1937 getrennt waren, als ich in England war. Er dachte damals über Illustrationen für den Text nach, und aus England schlug ich ihm Frans Masereel vor. »Ich muß einen sehr aufgeblasenen Eindruck machen«, schrieb er zurück, »wenn Du glaubst, daß Masereel dazu Zeichnungen machen wird.« Als er dann nicht mehr lebte und das Buch 1963 bei Rütten & Loening wieder aufgelegt wurde, wandte sich der Verlag an Masereel – und er hat Holzschnitte dazu gemacht.

Ich war sechsundzwanzig Jahre alt, als ich Fürnberg 1937 heiratete. Meine Freunde von der Internationalen Arbeiterhilfe rangen die Hände: »Jetzt bekommst du kein Geld mehr, was sollen wir bloß machen!« Es floß natürlich heimlich Geld meiner Eltern in unsere Arbeit. Ich lebte noch zu Hause. Das Schlafzimmer meiner Eltern lag neben meinem Zimmer, aber ich teilte meinen Entschluß meinem Vater in einem Brief mit, den ich in sein Büro schickte. Ich schrieb ihm, ich würde Fürnberg heiraten – auch dann, wenn er krank sei. Mein Vater rief meine Mutter an. Sie legte sich zwei Tage ins Bett und weinte. Mich ließ er in sein Büro bitten. Er war ein harter, schöner Mann, und die Tränen liefen ihm die Wangen herab. Er bat mich nur um eines: Fürnberg möge sich von einem Arzt untersuchen lassen, den er, mein Vater, bestimme. Zitternd saß ich im Wartezimmer. »Die Narben auf der Lunge sind sichtbar«, sagte der Arzt, »aber sie sind verheilt.« Fürnberg war gesund. Es war September, und einen Monat später haben wir geheiratet. Im Rathaus, bei der Trauung, gab es zwei Lager. Auf der einen Seite saß meine Familie und auf der anderen saßen die Freunde aus der Partei. Später hielt ein Onkel eine Tischrede. »Du hast deinen Eltern viel Kummer bereitet...« Da stand ich auf und verließ den Raum. Meine Eltern schwiegen. Mein Großvater hatte Tränen in den Augen vor Zorn. Er liebte mich. Ihm hatte ich keinen Kummer bereitet, auch wenn ich einen anderen Weg ging, als es sich die Familie erhofft hatte. Fürnberg aber begegnete meinen Eltern mit so viel Liebenswürdigkeit und einem Charme, daß er sie schließlich für sich gewann. Seine Eltern waren nicht zur Hochzeit gekommen, weil sie arm waren und sich nicht zeigen wollten. Aber mein Vater stellte uns nach der Trauung seinen Wagen zur Verfügung, und wir fuhren zu ihnen nach Karlsbad. Wo haben wir die sogenannte Hochzeitsnacht verbracht? Ich weiß es nicht mehr, denn da ist eine ganz andere Nacht in einem kleinen Dorfgasthaus im Erzgebirge in meiner Erinnerung.

Am nächsten Morgen flogen wir nach Zürich. Fürnberg sollte dort aus seinen Gedichten lesen. Fürnberg las ohne Pathos. Er las mit dem Verstand, obwohl er sonst ein Gefühlsmensch war. Er wollte, daß die Menschen seine Absicht begriffen und sich nicht nur einem Gefühl hingaben. Es war sehr überzeugend, und ich habe versucht, mich nach seinem Tod daran zu halten, wenn ich vor Schulklassen und Brigaden aus Fürnbergs Werken las. Der Flug nach Zürich war schrecklich. Über dem Flughafen lag dichter Nebel. Den Zug konnten wir nicht nehmen, denn wir hätten durch Deutschland fahren müssen. Als wir im Nebel über dem Flughafen kreisten und nicht landen konnten, dachte ich: »Jetzt, wo es so schön auf der Welt ist, sollen wir zugrunde gehen.« Aber dann kam ein kleines Lotsenflugzeug und holte uns auf die Erde.

Als wir nach Prag zurückkehrten, suchten wir eine Wohnung. Wir wollten außerhalb der Stadt leben, ein wenig im Grünen. Aber es gab absolut nichts, was wir hätten mieten können, und so nahmen wir das Angebot meines Vaters an, in das Haus zu ziehen, das er für mich als eine Art Aussteuer am Belvedere-Plateau hatte bauen lassen. Es war ein großes, noch nicht ganz fertiges Mietshaus, in dem wir im obersten Stock eine Vier-Zimmer-Wohnung bezogen, die von einem breiten Balkon umgeben war. Ich habe es nicht als Widerspruch empfunden, Kommunistin zu sein und andererseits im eigenen Haus zu wohnen und Mieteinnahmen zu haben. Es hätte nie mandem genützt, wenn ich auf das Haus verzichtet hätte. Fürnberg und ich konnten von dem, was wir verdienten, nicht leben. Eine Umgebung zu schaffen, in der er in Ruhe arbeiten konnte, war nur durch dieses Privileg möglich, und ich nahm es an.

Im Haus meiner Eltern stand ein Bösendorfer Flügel. Er war nur ein Statussymbol, niemand spielte darauf. Meine Eltern schenkten ihn uns, und wir tauschten ihn gegen einen Blüthner-Flügel, der Fürnbergs ganzes Glück war. Er spielte jeden Tag. Später, als er hier in Weimar selten jemanden hatte, mit dem er spielen konnte, nahm er den Baß auf Band auf und spielte vierhändig mit sich allein.

Fürnberg war für mich ein Sänger, ein Dichter, ganz und gar der Kunst hingegeben und für sich selbst ohne Anspruch. Ich wollte nur, daß er gesund blieb. Meine Liebe zu ihm war immer mit Sorge verbunden, und er hat diese Sorge so sehr respektiert, daß er, wenn er verreiste, seine Rückkehr später ankündigte und immer schon kam, wenn ich begann, auf ihn zu warten. In unserem gemeinsamen Leben gab es nie eine Zeit, in der ich ganz unbeschwert gewesen wäre. Die Bedrohung war immer da, sie kam von außen oder von innen. Immer hatte ich Angst um die Menschen, die ich liebte. Es mag mein jüdisches Erbe sein, denn die jüdischen Familien haben immer sehr umeinander gebangt, weil sie ständig von Gefahr umgeben waren. Fürnberg hatte diese Art Sorge in seiner Kindheit nicht erlebt. Seine Mutter war kurz nach seiner Geburt gestorben, und er wuchs mit einer Stiefmutter auf. Das einzige, was er von seiner richtigen Mutter besaß, waren ein paar Bücher, in denen sie Passagen angestrichen hatte, aus denen er sich ein Bild formte von der Frau, die sie gewesen sein könnte.

Unsere Wohnung war komfortabel, aber unser Leben blieb bescheiden. Wir hatten beide sehr viel zu tun. Ich arbeitete bis mittags in der Bibliothek, Fürnberg schrieb sehr früh, noch im Morgengrauen, oder auch nachmittags, aber niemals am Abend. Er sagte, was er abends schreibe, würde er am nächsten Morgen verwerfen. Später am Tag ging er in die Redaktionen der verschiedenen Zeitungen, mit denen er etwas zu tun hatte. Das war unter anderen die »Internationale Arbeiter-Illustrierte«, die eine hervorragende Zeitung war. Lilly Becher arbeitete dort als Redakteurin, auch F.C. Weiskopf und John Heartfield. Heartfield machte in den dreißiger Jahren viele Titelseiten. Er war der rührendste Mensch, den man sich vorstellen kann, ganz anders als sein Bruder Wieland Herzfelde, der seinen preußischen Befehlston auch in der Emigration nicht aufgab. Ich hatte ihn im Malik-Verlag getroffen, wo ich bis 1935 nachmittags unentgeltlich arbeitete. Eines Tages kam ein Autor, ein bescheidener armer Mensch, Adam Scharrer, aus Deutschland mit einem Manuskript geflüchtet, das abgeschrieben werden mußte. Ich bemerkte, daß ich jemanden wüßte, der das tun könne. Da schnarrte Wieland Herzfelde: »Misch dich nicht ein, wenn du nicht gefragt bist!« – und ich bin nie wieder dorthin gegangen.

Es war die Zeit des Spanischen Bürgerkriegs, der für uns eine große Bedeutung hatte. Wir unterstützten die Internationalen Brigaden und gaben den spanischen Anarchisten eine große Schuld an der Niederlage, weil sie die Einheitsfront verweigerten. Auch dies muß ich heute anders sehen. Viele der Schriftsteller, die wir kannten, gingen nach Spanien, Willi Bredel, Ludwig Renn, Egon Erwin Kisch. Fürnberg ließ man nicht gehen, weil er nicht gesund genug war. 1945 schrieb er die »Spanische Hochzeit«, die er Lorca widmete und die mir das Liebste aus Fürnbergs Werk ist. Ich selbst dachte nicht daran, nach Spanien zu gehen. Es war nicht so, daß die Frauen, die ich kannte, am Bürgerkrieg teilnahmen. Wir lasen Hemingway, sangen spanische Lieder vom Widerstand gegen Franco, schickten Pakete und sammelten Geld.

Wäre Hitler nicht in die Tschechoslowakei einmarschiert, wären wir für immer in Prag geblieben. Als die Nazis kamen, haben wir uns nicht vorstellen können, was einmal daraus werden würde. Kein menschliches Gehirn konnte sich das Maß der Zerstörung ausmalen. Niemals hätte ich meinen Großvater zurückgelassen. Ich hätte nicht nur versucht, ihn zu überreden, mitzugehen, wie ich es getan habe, nein, ich hätte ihn gezwungen. Mein Großvater dachte, einem alten Menschen wie ihm würden sie nichts tun. Für eine kurze Weile ging er in das leere Haus meiner Eltern. Dann durchwanderte er mehrere Wohnungen, die ihm immer wieder weggenommen wurden. Schließlich wurde er mit anderen Juden in einen Keller geschafft, bis sie ihn holten. Er wollte nicht weg. Meine Großmutter war schon 1934 gestorben. Sie hat das alles nicht mehr erleben müssen.

Wir wollten es nicht wahrhaben, obwohl wir damit rechneten, daß Hitler irgendwann einmarschieren würde, um die Tschechoslowakei als Aufmarschgebiet gegen die Sowjetunion zu benutzen. Wir haben uns darüber lustig gemacht, daß sich die Nazis durch dieses kleine Rumpfgebiet angeblich so schrecklich bedroht fühlten – »Tschechisches Paddelboot rammt deutschen Panzerkreuzer«. Wir wollten noch ein wenig abwarten, ein wenig Prag genießen.

Im September 1938 war das Grenzgebiet besetzt worden. Ich verlor sofort meine Arbeit. In unsere Wohnung nahmen wir jetzt Flüchtlinge aus den Grenzgebieten auf. Die Kommunistische Partei wurde verboten. Wir trafen uns in Privatwohnungen. Frankreich und England hatten die neuen Grenzen akzeptiert. Die Sowjetunion hatte, gebunden an Frankreich, für den Fall eines Angriffs einen Hilfspakt mit der Tschechoslowakei geschlossen. Als sie aber helfen wollten, sagten die Polen: Wenn ihr hier durchmarschiert, gilt das als Aggression. Da wußten wir, daß wir nur noch eine Gnadenfrist hatten.

Das Land wurde mit zweifelhafter Motivation mobil gemacht. Man wollte die Menschen unter Kontrolle haben. Mein Vater, der noch hoffte, daß man sich im Fall eines Einmarsches wehren würde, fuhr eine ganze Nacht im Auto herum und half, die Leute zu den Meldestellen zu bringen. Am Morgen danach hat er Blut gespuckt. Es waren Streuthrombosen in der Lunge. Er lag todkrank zu Hause, und ich habe ihn gepflegt. In dieser Zeit haben wir nicht mehr diskutiert und kamen uns sehr nahe. Der Arzt warnte ihn vor dem Winter in Prag und riet ihm, in den Süden zu gehen. An dem Tag, als meine Mutter fünfzig Jahre alt wurde, am 21. Januar 1939, flogen sie nach Südfrankreich. Ich sagte: »Nehmt alles mit, was wertvoll ist, Pelze, Schmuck.« – »Was sollen wir mit Pelzen in Südfrankreich?« Sie wollten nicht wahrhaben, daß es für immer sein würde.

Zu Hause packte ich unsere gesamte Bibliothek in Kisten und ließ sie in die Schweiz schicken. Fürnberg wollte es nicht, er hoffte immer noch, wir könnten bleiben. Ich packte auch drei große Koffer mit Kleidern und anderen notwendigen Dingen. Für den 13. März hatte ich Flugkarten nach Zürich bekommen. Aber ich war entsetzlich abergläubisch und fürchtete mich so sehr vor dem Dreizehnten, daß ich die Plätze auf den Fünfzehnten umtauschte. Und dann geschah das Entsetzliche: Am Morgen des 15. März wachten wir auf und hörten die Motoren in den Straßen. Da standen die gepackten Koffer. Alles war fertig, aber die Deutschen waren einmarschiert. Es war zu spät. Über Polen, das halb faschistisch war, gab es keinen offiziellen Weg heraus. Österreich war annektiert. Wir waren eingeschlossen. Ich sah für uns keine Chance mehr. Ein erstes und einziges Mal dachte ich, es wäre besser, mit dem Leben Schluß zu machen. Aber Fürnberg sagte: »Nein, wir kämpfen, daß wir rauskommen.«

Irgendwann im Laufe der Jahrzehnte, die seitdem vergangen sind, habe ich aufgehört, darüber nachzusinnen, wie unser Leben verlaufen wäre, wenn ich keine Angst vor dem Dreizehnten gehabt hätte. Irgendwann muß man sich mit seinen Fehlern aussöhnen und sich fügen in das, was geschehen ist. Sonst zerbricht man daran.

Am Morgen des 15. März 1939 tobte draußen ein Schneesturm. Mit einem Koffer voller Manuskripte lief ich durch die Straßen und versuchte, ihn irgendwo unterzubringen. Aus den Manuskripten ging hervor, daß Nuntius, der politische Liedermacher, der Dichter Louis Fürnberg war. An meinem Mantel hingen Krusten von Eis. Ich schleppte den Koffer die Bürgersteige entlang, während um mich herum die Motorräder und Tanks der Deutschen dröhnten. Es fuhren keine Straßenbahnen mehr. Ich wollte den Koffer irgendwo verstecken, damit Fürnbergs Texte gerettet würden. Aber niemand wollte ihn nehmen. Schließlich wußte ich keinen Ausweg mehr und schleppte den Koffer in das Büro meines Vaters und begann, alles, was darin war, im Ofen zu verbrennen. Ich verbrannte Kantaten, Gedichte, Erzählungen, Hörspiele. Ich habe gar nicht hingesehen, nur verbrannt, Stück für Stück. Ich dachte, damit würde ich Fürnberg retten können. Als es geschehen war, sagte er: »Ich werde wieder neu anfangen und Besseres schreiben. Es macht nichts.« Kurz vor seinem Tod bat er eine Freundin in Prag, sie möge in Zeitungen und Archiven nach seinen Sachen suchen, auch in Polizeiarchiven. Brecht hatte sich an ihn gewandt. Man wollte wieder Agitpropgruppen aufbauen wie in den dreißiger Jahren. Einiges konnte die Freundin finden. Auch nach Fürnbergs Tod habe ich immer weiter gesucht. Es gibt Stücke und Hörspiele, von denen ich die Namen und das Aufführungsdatum weiß, aber sie sind verloren. Nie wieder habe ich etwas weggeworfen, alles habe ich aufgehoben, jedes Zettelchen. Ich hatte ein unendliches Schuldgefühl, obwohl Fürnberg alles tat, es mir zu nehmen.

Seit diesem Tag schliefen wir nicht mehr in unserer Wohnung. Ich ging nur noch hin, um etwas zu holen. Manchmal verbrachte ich die Nacht im Haus meiner Eltern bei meinem Großvater. Es war in den ersten Tagen noch ein Schutz. Nicht um mich fürchtete ich. Fürnberg war bekannt und gefährdet, nicht ich. Von mir wußten nur die Freunde meiner Eltern, daß ich Kommunistin war. Ich habe fünf Wochen lang, bis zu unserer Flucht, jede Nacht eine neue Unterkunft für Fürnberg organisiert, weil jeder Gast jetzt überall nach vierundzwanzig Stunden gemeldet werden mußte. Wir durften nicht mehr zusammen sein, nur einmal am Tag konnten wir uns sehen.

Es war eine Zeit voll unerträglicher Spannung. Wir wollten nur raus, so schnell wie möglich. Die Partei wurde, obwohl sie es voraussah, doch letztlich von den

Ereignissen überrascht. Die Gruppen, die Fluchtwege organisierten, waren von Spitzeln durchsetzt. Irgendwann sagte man uns, wir sollten, jeder für sich, mit dem Zug nach Mährisch-Ostrau fahren, dort würde jemand warten und uns über die Grenze nach Polen bringen. Am 21. April kamen wir in Mährisch-Ostrau an. Alles war beflaggt, es war einen Tag nach Hitlers Geburtstag. Wir hatten nur noch eine Aktentasche, sonst nichts. Der Mann von der Partei, der uns über die Grenze bringen sollte, war völlig unerfahren mit illegalen Aktionen. Jeden Abend haben wir es versucht, wurden gewarnt und gingen zurück. Als wir an einem dieser Abende wieder Richtung polnische Grenze schlichen und die Posten auf uns zukamen, vergruben wir schnell das Geld, das wir dabei hatten, in einer Ackerfurche. Als wir zurückkamen, war der Mann von der Partei außer sich: »Seid ihr wahnsinnig, wir brauchen doch jeden Pfennig!« Da ging Fürnberg und grub das Geld wieder aus.

In Mährisch-Ostrau lebte eine meiner alten Tanten. Nachdem wir am ersten Abend wieder umgekehrt waren, kamen wir in der Nacht bei ihr an. Sie nahm uns auf und tat es all die folgenden Nächte, in denen wir umkehren mußten. Sie war eine wunderbare Frau, die nicht fragte und das Selbstverständliche tat. Sie lebte dort mit ihrem Sohn, der Arzt war. Er hat uns, als es wieder und wieder scheiterte, an einen jüdischen Schmuggler vermittelt, von dem er nicht ahnte, daß er von den Flüchtenden Geld nahm und sie dann direkt in die Arme der Gestapo führte.

Es war eine helle Mondnacht. Lange habe ich Mondnächte nicht mehr ertragen können. Als wir uns der polnischen Grenze näherten, sahen die Posten unsere Schatten. Plötzlich »Halt!« Schüsse. Wir warfen uns in die

Ackerfurchen. Unser Führer war in die Nacht verschwunden. Die Deutschen kamen auf uns zu. Wir wurden in einen Keller gebracht, in dem schon Massen von Menschen waren. Ich dachte, das Leben ist zu Ende. Noch war Fürnberg bei mir. Ich war überhaupt nicht mutig, ich war verzweifelt, einfach verzweifelt. In die Polster meines Mantels hatte ich Geld eingenäht. Ich hatte Angst, daß es gefunden würde, und warf es in die Toilette. Es war verboten, Devisen außer Landes zu bringen, und die Kanalisation dort muß wie eine Bank gewesen sein. Gegen Morgen wurden wir auf offenen Lastwagen nach Ostrau gebracht. Fürnberg kam in ein Magazin und ich ins Polizeirevier. Wir waren elf Frauen in einer Einzelzelle. Es gab einen Kübel und einen Krug mit Wasser, aus dem man besser nicht trank. Ich habe vor mich hin geweint. Nicht laut, ganz leise. Nicht meinetwegen. Seinetwegen. Ich dachte: Es gibt keinen Ausweg mehr, ich habe Fürnbergs Leben zerstört. Noch konnte ich eine Nachricht nach draußen geben, es waren tschechische Polizisten, die uns bewachten. Meine Tante schickte mir Waschzeug, und ich konnte mich außerhalb der Zelle waschen, ohne daß jemand zuschaute. Nachts schliefen wir mit angezogenen Beinen, die Köpfe aneinander. Wenn sich eine Frau herumdrehte, mußten sich alle drehen. Nur zehn Frauen hatten auf dem Boden Platz, eine mußte abwechselnd stehen. Ich habe geschlafen wie ein Stein. An den Hüftknochen hatte ich blaue Flecken, aber ich habe tiefer geschlafen als heute, so erschöpft war ich vor Angst und Verzweiflung. Nichts war so schlimm wie das Gefühl der Schuld.

Wir wurden aufgeteilt und kamen ins Bezirksgefängnis. Es wurde fast komfortabel, sechs Pritschen in einem Raum, ein Holzverschlag als Toilette. Die tschechischen

Wärterinnen haben uns erniedrigt, wo sie konnten. Wir mußten den Fußboden schrubben, und als wir nach Schmierseife fragten, sagten sie: »Nehmt doch Menschenfett!« Eine der Frauen in der Zelle war ein Double von Elisabeth Bergner. Eine andere, eine Sozialdemokratin, putzte sich jeden Tag die Schuhe, in der Hoffnung, entlassen zu werden. Ich mußte abgeben, was ich besaß. Ich hatte einen Ring von meiner Großmutter, den ich Tag und Nacht am Finger trug. Ich wollte ihn nicht den Wärterinnen geben und drückte ihn dem Direktor des Gefängnisses in die Hand, der dabeistand. Als ich später abgeschoben wurde, gab er mir die Hand und darin lag der Ring. Es war mein Glücksring. Als ich dann in der letzten Lebenszeit von Fürnberg den Stein daraus verlor, ahnte ich, daß die Kraft des Ringes vorüber war. Zwei Tage später war Fürnberg tot. Ich habe diesen Ring nie wieder getragen.

Im Mai brachte uns das deutsche Militär an die Grenze. Die Gefängnisse waren inzwischen zu voll geworden, und sie mußten Platz schaffen. Wir gingen durch einen Fluß nach Polen. Ich hatte Glück. Zwei Bergarbeiter kamen von der Schicht und zeigten mir einen Gasthof, der Flüchtlinge aufnahm. Es war noch nicht Morgen. Ich bekam ein Bett und schlief. Die Betreiber des Gasthofes hatten Verbindungen zum Flüchtlingskomitee in Teschen. Von dort kam ein Bekannter und holte mich. Wir fuhren als Liebespaar im Bus nach Teschen. Der Bus war voll von polnischen Polizisten. Einer lächelte mich an, und ich lächelte zurück. Man durfte nicht merken, daß ich keine Polin war. In Teschen war ich zuerst einmal in Sicherheit. Ich hatte wieder Bekannte dort. Ich konnte ein Bad nehmen. Man sorgte dafür, daß ich Papiere bekam. England hatte sich verpflichtet, Flüchtlinge aufzunehmen. Sie taten es bis zum Beginn des Krieges. Ich fuhr nach Katovice zu einem anderen Komitee. Dort blieb ich einen Monat und lebte bei einem verwachsenen jüdischen Fräulein. Sie betrieb eine Blumenhandlung und sorgte für mich. Ich mußte essen und sollte nicht verzagen. Sie ist später von den Nazis abgeholt worden. Menschen wie sie sahen die Gefahr nicht. Sie hatten gar keine Chance zu überleben.

Ich lehnte nächtelang am Fenster und hoffte auf eine Nachricht von Fürnberg. Er wußte inzwischen, wo ich war. Ich sollte nach England abgeschoben werden, aber ich wollte nicht. Hier war ich noch in seiner Nähe und dachte, ich könne mehr für ihn tun. Inzwischen war herausgekommen, wer er war. Jemand, der mit an der Arbeiter-Illustrierten in Prag gearbeitet hatte, hatte ihn verraten. Ich erfuhr, daß Fürnberg in Troppau war, wo die Politischen hinkamen, die von dort nach Deutschland gebracht wurden. Das war das Schlimmste. Ich war völlig am Ende. Fürnberg schickte mir noch eine Nachricht durch einen Mitgefangenen: »Keine Angst, man kann mich nur erschlagen...« Da wußte ich, er würde nicht aufgeben und mit allen Mitteln versuchen zu überleben.

Die Bekannten im Komitee von Katovice sahen, wie ich wartend zugrunde ging. Da übergaben sie mir die Verantwortung für einen Flüchtlingstransport nach England. Mit einem Schiff fuhren wir um Deutschland herum. Als wir den Kaiser-Wilhelm-Kanal passierten, war Deutschland so nah, daß viele unter Deck gingen, um nicht gesehen zu werden.

In London kamen wir in ein Sammellager in der Westminster-School. Wir mußten Formulare über unsere politische Vergangenheit ausfüllen. Ich habe nicht verleugnet, wer ich war. Es hat in meinem Leben nie eine Situation gegeben, in der ich nicht zu dem hätte stehen können, was ich dachte. Das ist bis heute so geblieben. Wieder unterstand ich einem Komitee und bekam eine Guinee in der Woche. Ich lebte mit der herzkranken Frau eines Bekannten in einem möblierten Zimmer. Auf einem Gasring konnten wir uns Essen kochen. Es war Mitte Juni. Bis August hatte ich keine Nachricht von Fürnberg. Manchmal noch konnte ich Kontakt mit meinem Großvater aufnehmen. Meine Eltern waren in Südfrankreich und flehten mich an, zu ihnen zu kommen. Sie schickten mir Geld, denn die eine Guinee reichte gerade, um nicht zu verhungern. Eine Weile wohnte ich bei Richard Slánský, der später in den stalinistischen Säuberungsprozessen der fünfziger Jahre in Prag zu fünfundzwanzig Jahren Gefängnis verurteilt wurde. Sein Bruder wurde hingerichtet. Richard Slánský lebte in London mit Traute Hölz, die den Anarchisten Max Hölz während seiner Haft geheiratet hatte, damit er Kontakt zur Außenwelt haben konnte.

Ich habe jeden Tag versucht, etwas für Fürnberg zu tun. Stundenlang saß ich in den Vorzimmern der Ministerien. Ich schrieb an Jan Masaryk, der damals tschechischer Gesandter in London war. Aber es war alles vergebens.

Als ich in der ersten Augustwoche eines Abends von einem meiner Gänge in den verschiedenen Ämtern nach Hause kam und in meinem Zimmer eine Frauengruppe tagte, lag auf dem Tisch ein Brief von Fürnberg. Es war ein ganz normaler Postbrief aus dem Gefängnis in Karlsbad. Ich setzte mich auf die Treppe und weinte. Er schrieb nur: »Schicke mir ein Visum und Reisegeld. Nur so kann ich freikommen.« Es war mir klar, daß inzwischen die Bestechung durch meinen Großvater gewirkt haben mußte. Ich hatte ja längst ein Visum für Fürnberg vom Thomas-Mann-Fonds bekommen. Alle Schriftsteller wurden solchen Fonds zugeteilt. Jetzt wußte ich, daß Fürnberg lebte und lief mit seinem Brief und der Nummer des Visums, die ich in mein Notizbuch eingetragen hatte, zum Flüchtlingskomitee: »Sorry, the visa has expired.« Das Visum für einen Gefangenen in Gestapohaft war auf drei Monate begrenzt. Jetzt belagerte ich das Innenministerium. Die Zeit verging. Der Krieg hatte begonnen, und die Engländer stellten überhaupt keine Einreisevisa mehr aus. Plötzlich war das Innenministerium verschwunden und aufs Land evakuiert. Es gab nur noch eine Adresse, wo man seine Anliegen hinterlassen konnte. Das war ein großer Saal, in dem armselige Gestalten saßen und warteten. Als wieder alles völlig aussichtslos und vergeblich schien, traf ich in der Oxfordstreet einen Logenbruder meines Vaters. Er wußte von meinem Vater, worum es ging. Er sagte: »Gehen Sie ins Bloomsbury-House zur Austrian Self-Aid, dort sitzt ein Mann, der Ihnen vielleicht helfen kann.« Das Bloomsbury-House war eine Art Markthalle aus der Zeit von Queen Victoria. Es standen Tische darin, und jeder Tisch bedeutete ein anderes Komitee. Einer gehörte zur Austrian Self-Aid.

Ich reihte mich in eine Schlange ein und sagte meinen Namen. Der kleine, dunkle, jüdisch aussehende Mann stellte ein Schild »Closed for today« auf den Tisch und ging mit mir fort. Er sagte: »Können Sie sechs Pfund auftreiben?« und ging mit mir in ein Reisebüro. Wir buchten eine Schiffskarte nach Shanghai, die aber sofort wieder storniert wurde. Die sechs

Pfund bekam ich von einem Bankiersfreund meines Vaters. Die Schiffskarte schickte ich an Fürnberg nach Karlsbad ins Gefängnis. Ich schrieb ihm: »Wir treffen uns in Mailand, von dort aus gehen wir zusammen nach Shanghai.« Niemand wußte, was »Shanghai« eigentlich bedeutete. Shanghai gehörte damals, im Japanisch-Chinesischen Krieg, zu Japan. Zwischen Hitler und den Japanern gab es ein Abkommen, in Shanghai ein Lager einzurichten, wo alle, die glaubten, auf diesem Wege entkommen zu können, getötet werden sollten. Die Japaner aber hielten sich nicht an diese Abmachung, und auf diese Weise konnte der Mann im Londoner Bloomsbury-House viele Menschen retten, die eigentlich sterben sollten. Fürnberg und ich haben später erfahren, daß es Curt Ponger war, dem wir es verdankten, daß wir noch achtzehn Jahre miteinander leben durften.

Fürnberg wurde tatsächlich mit dieser Schiffskarte freigelassen. Ich schickte ihm internationale Postwertzeichen. In Karlsbad ging er damit zur Post. Das Fräulein hinter dem Schalter kannte ihn noch und tauschte ihm die Briefmarken in Geld um. Mit dem Geld kaufte er sich ein Heft, in das er Gedichte übertrug, die er im Gefängnis geschrieben hatte. Er wurde über den Brenner nach Italien abgeschoben. Wir haben uns nicht in Mailand getroffen, und wir gingen nicht nach Shanghai. Aber in London rief Fürnberg mich an. »Ich höre Deine Stimme«, schrieb er später in einem Gedicht. Noch wußte ich nicht, daß er fast taub war. Am Telefon hatte ich es nicht gemerkt. Später lernte er von meinen Lippen zu lesen. Freunde haben sich immer darüber lustig gemacht, daß er nur mich richtig verstand. Fürnberg hatte, bevor er den Nazis in die Hände fiel, absolutes Gehör. Es war ergreifend zu sehen, wie glücklich er war, als er nach dem Krieg das erste Hörgerät ausprobierte und wieder die Vögel singen hören konnte.

Aus Italien schrieb er mir täglich, und ich erfuhr jetzt, was in den vielen Gefängnissen geschehen war. In Breslau hatten sie ihm das Gehör zerschlagen, und in Karlsbad mußte er sein Grab graben. Irgendwo warf man alle Bücher aus einer Arbeiterbibliothek in seine Zelle und ihn oben drauf. Er war in dreizehn Gefängnissen gewesen – und hatte es überlebt.

Jetzt war er in Mailand. Ich war in London. Es wurde Dezember. Er kam nicht nach London hinein. Ich kam nicht aus London heraus. Frankreich verweigerte inzwischen die Durchreise. Ich hatte ein Durchreisevisum für Spanien, aber keines für Portugal. Meine Schiffskarte nach Lissabon würde verfallen. Man hatte immer nur das eine, ein Visum oder eine Schiffskarte. Es war Samstag. Am Montag fuhr das Schiff. Ich hatte das Visum nicht bekommen und lief eine menschenleere Straße entlang. Da hörte ich Schritte hinter mir. Ein Laufbursche: »Madam, kommen Sie zurück, das Visum ist da!« Ich holte das Visum ab. Auf dem Weg nach Hause wurde es dunkel. Keine Laterne brannte. Es war Blackout. Ich lief in der Finsternis, orientierte mich an den Umrissen, geriet in einen Kirchhof und stürzte eine Mauer hinunter. Alle Papiere fielen aus meiner Tasche. Ich kroch auf den Knieen im Morast herum und tastete alles wieder zusammen. Für fünf Uhr morgens hatte ich ein Taxi bestellt. Es kam nicht. Freunde, die mit mir aufgestanden waren, halfen, das Gepäck zum Schiff zu tragen. Die Schiffe, mit denen ich damals fuhr, sind später irgendwann auf Minen gelaufen. Ich kam nach Lissabon und mußte mich melden. Die Türen und Fenster der Polizeistationen waren abgedichtet. Nicht wegen des Kriegs. Es sollte nicht nach außen dringen, daß hinter den Türen gefoltert wurde. In Lissabon konnte ich noch einmal gut essen. In Spanien gab es nur noch entsetzlich süße Orangen. Ich flog von Lissabon nach Sevilla, von dort nach Spanisch-Marokko, von Marokko nach Palma de Mallorca. Palma de Mallorca war eine Militärbasis der Italiener. Über uns dröhnten die Bomber. Zwischen uns liefen die Piloten von Kopf bis Fuß in schwarzes Leder gekleidet. Ich bestieg einen Hydroplan nach Rom. Die ganze komplizierte Reiseroute hatte ich Fürnberg nach Italien telegraphiert. Das Flugzeug fiel ständig in Luftlöcher. Als wir schließlich vor Ostia auf dem Wasser landeten, wankte ich von Bord. Ich kam mir vor wie im Traum. Mir war so schlecht, daß ich Fürnberg mehr tot als lebendig in die Arme sank. Das erste, was ich von ihm wahrnahm, war der Cognac, den er mir brachte. Die großen Augenblicke des Lebens existieren meist nur in der Vorstellung. In der Wirklichkeit gehen sie an einem vorüber, weil irgend etwas Kleineres sie stört. Ich dachte, dies wird der schönste Moment meines Lebens sein – und dann war ich nur damit beschäftigt, auf den Beinen zu bleiben.

Es war Silvester. Wir gingen in eine kleine Weinstube. In Rom lag Schnee, die Skulpturen trugen weiße Mützen. Fürnberg hatte ein Zimmer gemietet. Der seit Monaten angehaltene Atem fing wieder an zu fließen. Steine fielen von mir ab. Es war etwas geschehen, was ich nicht zu hoffen gewagt hatte. Der Mensch, mit dem ich mein Leben teilen wollte, war wieder da. Wir sollten noch zusammenbleiben. Das Leben fing wieder an. Es war ein Wunder geschehen. Fünfzig Jahre sind seitdem vergangen. Der Einmaligkeit dieses Geschenks bin ich mir noch immer bewußt.

Während der Zeit, die Fürnberg auf mich gewartet hatte, war er in den kleinen Ort Nervi bei Genua gezogen, weil das Leben in der Stadt für ihn zu teuer war. Dorthin gingen wir. Mein Vater schickte wieder Geld. Wir mußten jetzt überlegen, wie es weitergehen sollte. Fürnberg dachte, Mussolini würde es sich nicht leisten können, am Krieg teilzunehmen. Er hatte in Mailand gesehen, wie Studenten am Bahnhof einen riesigen Stamm zersägten – die Achse Berlin-Rom. Fürnberg war leichtsinnig. Ich wollte nur raus aus Italien. Mein Verstand sagte mir, daß Mussolini gar nicht anders konnte, als mitzumachen. Dann würden wir Freiwild sein, und man würde uns zurückschicken. Am 26. Januar 1940, an meinem Geburtstag, kam Fürnberg mit dem Visum für Jugoslawien nach Hause, das wir mit gefälschten Taufscheinen beantragt hatten. Eine reiche Tante, die meinem Vater verpflichtet war, lebte in Kranj in einer riesigen Villa, in die sie uns nicht aufzunehmen wagte. Aber wir konnten in das Häuschen einer Angestellten ziehen, das, ganz nach Holz duftend, am Ufer der Sâve stand. Im Frühling waren die Hänge blau von Veilchen. Unter dem Dach bekamen wir ein Zimmer und eine ganz kleine Küche. Ich war unpraktisch und konnte damals fast gar nicht kochen. Aber Fürnberg hat mich zur Köchin gelobt, denn er aß alles, was ich zustande brachte, mit einer solchen Begeisterung, daß ich allmählich besser wurde.

Fürnberg hat in dieser Zeit immer morgens gearbeitet. Wenn es warm war, ging er hinaus und schrieb irgendwo unter den Bäumen. Drinnen hatten wir ja nur das eine Zimmer. Später, in Palästina, stellte er einen Wandschirm um sich herum und fand, daß auch sein zerschlagenes Gehör schließlich sein Gutes habe, denn so könne er überall arbeiten. Er schrieb dort täglich, im

Café oder in Versammlungen, machte sich Notizen und karikierte die Leute um sich herum.

Als Fürnberg noch im Gefängnis war, hatte ich mir geschworen, wenn wir uns noch einmal im Leben wiedersähen, wollte ich ein Kind von ihm haben. Ich fuhr nach Belgrad zum Arzt. Er stellte fest, daß ich schwanger war. »Was machen wir?« fragte er, »Sie werden doch in dieser Zeit und in Ihrer Lage kein Kind haben wollen?« Aber ich wollte es, ganz gleich, was kommen würde. Fürnberg und ich machten uns Illusionen. Wir dachten, der Krieg dauert zwei Jahre, länger schafft Hitler es nicht. Dann, sagten wir uns, gehen wir zurück nach Prag.

Inzwischen hatte sich Fürnberg mit einigen jugoslawischen Schriftstellern angefreundet, die er in Buchhandlungen traf. Sie rieten uns, nicht zu nahe an der Grenze zu bleiben, sondern tiefer ins Landesinnere zu gehen. Jugoslawien war ja noch nicht besetzt, aber alle fürchteten sich davor. Marco Ristić, ein hochbegabter, linker, nahezu blinder Schriftsteller, hatte eine Schwiegermutter, die mit dem jugoslawischen Königshaus verwandt war. Ihr gehörte ein Sanatorium in einem Bad in Mittelserbien. Als Gallenkranke getarnt, reisten wir dorthin. Zunächst gerieten wir in ein Hotel, in dessen Hof ein riesiger Herd stand, an dem die Bauersfrauen, die dort mit ihren Familien zur Kur waren, kochten und den anderen die Töpfe vom Feuer rückten. Fürnberg schrieb das Gedicht »An das noch Ungeborene« in diesem Hotel. Man spürt darin, wie bedroht unser Leben und das unseres Kindes damals gewesen ist. Immer hat Fürnberg die Herbste beschrieben, die wir erlebt haben, denn er hat diese Jahreszeit ganz besonders geliebt. »Wenn ich im Herbst kein Gedicht schreibe«, sagte er,

»habe ich aufgehört zu schreiben.« Der erste Herbst in der Emigration verging in Jugoslawien.

Vrnjačka Banja, das kleine Bad für Gallenkranke in Mittelserbien war im Sommer sehr schön. Wenn es kühler wurde, reisten die Kurgäste ab, und wir zogen in die Sommerordination eines Arztes, der nur während der Saison praktizierte. Im Winter verwandelte sich das Bad in ein verlassenes Dorf. Es war kalt. Die Praxis lag zu ebener Erde. Wir schafften uns ein Öfchen an. Ich ernährte mich fast ausschließlich von Mais. Das ist das einzige, was ich noch heute von den Feldern stehle, weil es hier niemand verkauft. Manchmal bekamen wir ein Huhn. Meist lebte es noch, und ich konnte es nicht umbringen, wenn ich in meiner Hand spürte, wie schnell das Herz klopfte. Und Fürnberg konnte es noch weniger.

Als ich im neunten Monat war, gingen wir nach Belgrad. Wir hatten ein Zimmer im fünften Stock. Fürnberg schleppte Säcke mit Holz die Treppen hinauf. Im Dezember 1940 wurde unser Sohn geboren. In den ersten Minuten mußte er künstlich beatmet werden, und ich habe dem Arzt, der ein sehr unangenehmer Mann war, die Hand geküßt, als der erste Schrei kam. Mein Onkel, der in Trautenau ein gynäkologisches Sanatorium besaß, hatte mir Bücher über Säuglingspflege geschickt, die wir gemeinsam lasen, und jeder las etwas anderes daraus. Ich war überängstlich mit unserem Kind. Mein Onkel hatte mir geschrieben, daß ich nicht jede Nacht aufstehen, sondern das Baby ruhig manchmal schreien lassen solle; es sei nicht so, daß es sich dann völlig verlassen fühle. Aber wir konnten es kaum aushalten. Wenn das Baby einmal weinte, mußten wir uns gegenseitig im Bett festhalten und die Decke über den Kopf ziehen.

Marco Ristić riet uns, das Kind taufen zu lassen. Die königliche Schwiegermutter sollte Patin sein, das würde uns schützen. Die russisch-orthodoxe Taufe war wie eine heidnische Zeremonie. Der Pope schnitt dem Kind ein Büschel Haare ab und gab es in eine Flamme, um es dem Teufel zu opfern. In der Mitte unseres Zimmers stand eine Wanne mit Wasser, um die der Pope singend schritt. Dann tauchte er das nackte Kind hinein und taufte es auf den Namen Michajlo, der sich in alle Sprachen der Länder übertragen ließ, die wir auf unserer Odyssee schon durchreist hatten und noch durchreisen sollten. Der Pope sagte uns, wir sollten uns nicht fürchten, es gäbe eine Weissagung, daß der Antichrist an einem Volk mit Opanken zugrunde gehen würde.

Wir kehrten nach Vrnjačka Banja zurück. Bis zum April 1941 konnten wir noch in Jugoslawien bleiben. Dann schrieben uns Freunde, der Einmarsch der Nazis stünde bevor und es wäre besser, das Land zu verlassen. Fürnberg besorgte in Belgrad ein englisches Travelpaper. Das Land war schon mobilisiert, der Bahnhof von Kragujevac, von dem wir abreisten, glich einem Heereslager. Ich saß zwischen Soldaten und stillte mein Baby. Wir wollten nur raus aus Jugoslawien. Wohin, das stand in den Sternen. Von einem Geheimpolizisten eskortiert, fuhren wir bis an die griechische Grenze, dann weiter durch Griechenland. Durch einen winzigen Ort an der Grenze zur Türkei sollte der Orientexpreß kommen, den der Stationsvorsteher für uns anhalten wollte. Wir saßen in der eisigen Bahnhofshalle. Ich mußte das Baby wickeln, und plötzlich wurde der Ofen für uns geheizt. Der Orientexpreß kam und wurde angehalten. Wir fuhren bis Istanbul. Dort wollte man uns unsere Koffer nicht geben, die auf irgendeine Weise den ganzen Fluchtweg mitgemacht hatten.

Von Prag aus waren sie nach unserer Verhaftung zu meinen Eltern nach Südfrankreich gegangen, die sie zu mir nach England schickten. Dort lagerten sie in einer Spedition. Je nach Witterung hatte ich mir ein Kleid daraus geholt. Dann wurden die Koffer nach Italien geschickt. Sie reisten mit nach Jugoslawien und wurden vor- oder nachgesandt. Sie kamen mit bis in die Türkei. Jetzt mußten wir die Beamten mit dem knappen Geld, das wir besaßen, bestechen, damit wir sie herausbekamen.

Wir nahmen in Istanbul Kontakt zur halboffiziellen tschechischen Gesandtschaft auf, die uns weiterhalf bis in den winzigen Mittelmeerhafen Mersin. Wir fuhren mit dem Zug über das Taurusgebirge, und es wurde plötzlich heiß. In Mersin mieteten wir ein Zimmer mit einem großen Bett. Wir saßen im Café, unser Kind lag im Schatten auf dem Tisch, ich las, Fürnberg schrieb. Um Miša zu baden, kaufte ich eine emaillierte Waschschüssel, die mich durch die ganzen Jahre der Emigration begleitete. Wir warteten auf unser Gepäck, das uns schließlich nachgeschickt wurde. Ein britisches Schiff sollte uns von Europa fortbringen. Wohin, wußten wir nicht. Von Mauritius war die Rede. Nach zwei Wochen tauchte ein Truppenschiff der Engländer auf, das uns mitnahm. An Bord waren tschechoslowakische Soldaten, die aus der Sowjetunion kamen, wohin sie vor den Nazis geflüchtet waren. Jetzt sollten sie in der Cyrenaika mit den Engländern gegen Rommel kämpfen. Die Offiziere wurden von ihren Frauen begleitet. Ich teilte mit ihnen eine Kabine und wurde so entsetzlich seekrank, daß ich, die ich immer so ängstlich war, das Baby einer der Frauen ins Bett legte.

In Haifa sollten wir das Schiff verlassen. Es war britisches Territorium. Aber die Juden in Haifa wollten uns nicht an Land lassen, weil wir keine Zionisten waren. Wir hatten zwar ein britisches Travelpaper, aber kein Palästina-Zertifikat. Wir standen mit dem Baby an der Reeling, das Gepäck war ausgeladen. Britische Offiziere intervenierten für uns, und wir durften schließlich das Schiff verlassen. Der Sohn meines Onkels aus Trautenau war Arzt in einem Kibbuz. Er kam in die kleine Pension, in der wir wohnten, und brachte uns Geld. Auch eine meiner Kusinen kam, die in Frankfurt Psychologie studiert hatte und mit ihrem Mann nach Palästina ausgewandert war. Sie war eine schöne und intelligente Frau. Jetzt lebte sie als Bäuerin in einem Dorf. Sie war arm, und es war ein Opfer, daß sie uns aufnahm. Für mich war alles Wüste, obwohl es gar keine Wüste war. Die Wüste ist das Schlimmste für mich. Ich gehe in der Hitze zugrunde. Es war Mai, der erste Monat der Chamsine, dieser schrecklich heißen Wüstenwinde, die aus dem Osten kommen. Sie sind sehr gefährlich für kleine Kinder. Viele Babys sterben, weil der Wind den Körper völlig austrocknet. Wir hingen tropfnasse Laken vor die Fenster, die man nach einer halben Stunde hinstellen konnte wie ein Brett. Die Schwiegereltern meiner Kusine waren sehr fromm, und ich machte alles falsch. Ich wollte in der Küche helfen, aber ich tat es nicht auf die richtige Weise. Schließlich vergrub die Schwiegermutter das Besteck im Garten, damit es wieder koscher würde. Als ich von einem Araberjungen Tomaten kaufte, sagte sie: »Wenn du hier wohnst, kannst du nichts bei Arabern kaufen.«

Als die Eltern Geld schickten, mieteten wir in dem Dorf ein Zimmer. Dann fuhr Fürnberg los, um in Jerusalem eine Bleibe für uns zu finden. Jerusalem ist eine Vielvölkerstadt. Er fand dort eine Unterkunft bei Arabern, und wir bekamen eine Unterstützung vom tschechoslowakischen Generalkonsulat.

Es wurde September, der zweite Chamsinmonat kam. Miša wurde todkrank. Er bekam alles – Mittelohrentzündung, Darmentzündung, Augenentzündung, alles. Er magerte zum Skelett ab. Ich flößte ihm löffelweise Tee ein, und er wurde langsam wieder gesund. Als der Winter kam, konnten wir am Stadtrand ein Sommerhäuschen mieten. Es hatte eine kleine Küche, zwei Zimmer und sogar ein Klavier. Es war feucht und kalt, aber wir waren glücklich.

Fürnberg begann Vorträge zu halten, über Karl Kraus, über Rilke und Else Lasker-Schüler, die er sehr verehrte. Er konnte verehren wie wenige. Else Lasker-Schüler lebte in völliger Armut in einer Dachkammer und schlief in einem Liegestuhl. Sie sah böse und verbittert aus, aber wenn sie ihre Gedichte las, wurde sie wunderschön. Obwohl sie sehr religiös war, schickte sie nach dem Sieg bei Stalingrad ein hymnisches Dankestelegramm: »Stalin, Moskau. Ich liebe Sie.« Wir alle hielten Stalin für einen hervorragenden Feldherrn und warteten auf seine Reden wie auf eine Offenbarung.

Nach dem Winter wollten die Leute ihr Sommerhäuschen zurückhaben, und wir gingen wieder auf Wohnungssuche. Ein Arzt aus der Tschechoslowakei vermietete uns ein Zimmer in einem Neubau. Am Abend, wenn das Kind schlief, durften wir im Korridor sitzen. Der Korridor war anderthalb Meter breit, aber wir konnten ein Tischchen hinstellen und eine Lampe anschließen. So lasen wir und schrieben, und es kam sogar Besuch. Dann wurde ich krank. Gelbsucht, hohes Fieber und ansteckend. Fürnberg schlief auf dem Fußboden. Ein Tropenarzt verschrieb mir eine strenge Diät: Obst,

Nudeln, Kartoffeln, die mir Freunde in kleinen Tütchen wie Bonbons brachten. Aus verdünnter Milch kochte ich Grießbrei, den ich bis zur Bewußtlosigkeit aß. Alles kann ich heute essen, nur keinen Grießbrei.

Die Zeit der Emigration war eine Wartezeit. Beide haben wir versucht, aktiv zu bleiben, und waren in allen möglichen Organisationen tätig. Es gab eine tschechische Vereinigung mit sehr unterschiedlichen Leuten, in die wir ein wenig internationale Atmosphäre hineinbringen wollten. Fürnberg hatte wie immer viele Kontakte zu Schriftstellern. Er gründete mit Wolf Ehrlich den Jerusalem-Book-Club, der ein Zentrum deutschsprachiger Intellektueller wurde. 1941, kurz nach unserer Ankunft, hatte Fürnbergs Freundschaft mit Arnold Zweig begonnen, der ab 1942 in Haifa eine Art »Weltbühne«, den »Orient«, herausgab, an dem Fürnberg mitarbeitete. Der »Orient« wurde in den siebziger Jahren als Reprint wieder aufgelegt. Wo immer er damals erschien, wurden die Druckereien bedroht. Eine flog später in die Luft. Schließlich traute sich niemand mehr, diese Zeitung zu drucken. Sie hatte nur ein Jahr existiert.

Die sechs Jahre in Palästina waren entsetzlich hart – und doch gehören sie zu den schönsten meines Lebens. Wir hatten nichts, außer der Hoffnung. Wir waren arm, aber wir waren zusammen. Sechs Jahre lang habe ich mir keinen Strumpf gekauft. Aus Staubtüchern habe ich, die ich doch gar nicht nähen kann, unserem Sohn Hemden genäht. Wir hatten eine gemeinsame Überzeugung, die uns trug, und ein Kind, das eine Zukunft haben sollte. Im Dezember 1942 zogen wir in die Griechische Kolonie und wohnten dort bis zur Heimkehr. Wir hatten wieder zwei Zimmer. Der größte Luxus aber waren die Wände aus Stein in dem alten Haus, die vor der Hitze schützten.

Im letzten halben Jahr vor dem Ende des Krieges besserte sich unsere materielle Lage. Fürnberg bekam Arbeit beim Britischen Rundfunk in der Propaganda-Abteilung für die Mittelmeerstaaten. Zu Silvester 1944 zog ich sogar ein Abendkleid aus dem Koffer, und wir gingen zusammen aus.

Der Krieg ging zu Ende. Morgen, dachten wir, gehen wir aufs Schiff und kehren heim. Mit diesem Bild haben wir gelebt. Im Mai 1945 konnten wir uns nicht vorstellen, daß es noch ein ganzes Jahr dauern würde, bis wir zurückkehren konnten.

Das letzte Jahr in Palästina war das schlimmste. Ich hatte immer Angst um Fürnberg und um unser Kind, denn jetzt, als der Krieg vorbei war, fing er in den Straßen von Jerusalem erst richtig an. Jerusalem war britisches Mandatsgebiet. Es gab ununterbrochen Anschläge. Wenn man Englisch oder Deutsch sprach, bekam man oft keine Antwort. Ich konnte nicht Hebräisch und habe auch nicht versucht, es zu lernen. Fürnberg und ich gingen oft in ein winziges Café, wo wir sechs Wochen alte internationale Zeitungen lasen. Eines Abends hatten wir das Kind zu Hause gelassen, als es einen fürchterlichen Schlag tat und das Licht ausging. Fürnberg, der den Schlag nicht hören konnte, sagte: »Stromsperre.« – »Nein«, sagte ich, »eine Bombe.« Sofort war »curfew«, und niemand durfte auf die Straße. Aber unser Kind war allein, und wir drückten uns an den Wänden entlang und liefen unter Maschinengewehrfeuer nach Hause. Ein andermal flog fünf Meter hinter uns ein Kino in die Luft, weil der Sabbat nach Meinung der orthodoxen Juden noch nicht beendet war und der Film schon begonnen hatte. Meine größte Angst war, auf dem Ölberg begraben zu werden, es nicht zu schaffen zurückzukehren. Wir wollten in Palästina keine Wurzeln schlagen – unsere Wurzeln waren, das wußten wir die ganze Zeit, dort, wo wir herkamen, in Böhmen. Aber der Weg dorthin war noch sehr lang.

Es war gefährlich, in Palästina zu sagen: Ich gehe zurück. Noch gefährlicher war es, zu sagen: Ich gehe zurück nach Deutschland. Das war höchster Verrat. Als Arnold Zweig später zurückkehren wollte, konnte Fürnberg ihn nur über die Tschechoslowakei in die DDR schleusen. Man muß sich vorstellen: Dreitausend tschechoslowakische Emigranten meldeten sich bei den Repatriierungskommissionen, um zurückzugehen. Dreihundert waren es schließlich, die es wagten, Palästina trotz aller Einschüchterungen zu verlassen. Es war die Politik der Zionisten, so viele jüdische Einwanderer wie möglich ins Land zu bringen und dort zu halten. Die, die dorthin geflohen waren, sollten bleiben. Fürnberg wurde von den Zionisten gehaßt, und wir haben alles getan, um möglichst bald gehen zu können. Als der spätere tschechoslowakische Innenminister durch Palästina reiste, baten wir sogar ihn, uns mitzunehmen. Wir gehörten schließlich zu den letzten, die das Land verlassen durften. Man konnte nicht einfach Schiffskarten kaufen, man mußte von den Engländern zurückgeschickt werden. Das tschechoslowakische Konsulat konnte gar nichts für uns tun, alles hing von London ab. Immer wieder dachten wir, jetzt ist es soweit, aber irgendwann wurde uns klar, daß der einzige Weg zurück über das Lager El Shatt führte. Wir begannen uns zu verabschieden. In Hebron schlachteten unsere arabischen Freunde ein Lamm und bereiteten uns eine große Tafel. Sie hatten mir eine weiße Pelzjacke geschenkt und unserem Sohn einen kleinen Mantel aus Pelz. Zum

Abschied standen unsere jüdischen und arabischen Freunde am Bahnhof. Louis legte ihre Hände ineinander. Als wir von Jerusalem hinunter in die Ebene fuhren, stiegen an den verschiedenen Stationen Freunde ein und begleiteten uns ein Stück weiter hinab.

El Shatt war ein Lager der UNRRA in der Wüste Sinai in Ägypten: Sand, Zelte mit acht Personen, ein Hydrant für hundert Menschen, Ratten in den Latrinen. Nachts hörte sich der Wüstenwind an wie das Heulen von Schakalen. Wir mußten die Pfähle der Zelte festhalten, damit sie nicht zusammenbrachen. Die Kinder weinten. Meine beiden Kleider und meine Sandalen zerfielen in der Sonne. In den Nächten war es eiskalt. Vor uns waren dreißigtausend Jugoslawen, verwundete Partisanen mit Frauen und Kindern, drei Jahre in dem Lager gewesen. Die Alten und Schwachen waren an den Zuständen und an dem Klima zugrunde gegangen. Fünfhundert Kinder waren hier gestorben, die in der Nähe auf einem Friedhof mit Grabsteinen aus Ton und Kränzen aus Stroh begraben lagen. Eine deutsche Ärztin, die in dem Lager arbeitete, erzählte uns, wie die Familien versucht hatten, in der Wüste zu überleben und ihre Kinder zu unterrichten. Die letzten eintausendfünfhundert Familien hatten das Lager gerade verlassen, als wir kamen. Wir waren die einzigen Kommunisten. In unserer Gruppe waren tschechoslowakische Nationalisten, die uns nicht mochten, auch weil wir Deutsch sprachen. Im Lager waren jugoslawische und griechische Royalisten und nationalistische Polen aus der Armee des General Anders, die nicht in ihre Heinmat zurückwollten. Es waren nur ganz wenige, die zu uns standen. Als wir an einem jugoslawischen Feiertag zu dem Friedhof gehen wollten, war der Wüstenstreifen zwischen Lager und Friedhof voll von Männern mit Eisenstangen in den Händen. Viele Gräber waren zerstört. Ich sehe Fürnberg noch mit dem Kind auf den Schultern, als die Männer langsam auf uns zukamen.

Fürnberg ging jeden Tag in das Kantinenzelt, um zu schreiben. Über den Platz, auf dem er immer saß, hatte man einen Galgen gemalt. Aber Fürnberg ging, setzte sich unter den Galgen und schrieb den Gedichtzyklus »El Shatt«: »...Nichts ist schöner als des Menschen Herz! O es trägt – es übt sich im Ertragen schon von früh...«

Nach sechs Wochen kamen Lastwagen. Wir warteten mit unseren Koffern und wurden wirklich aufgerufen. Die Lastwagen brachten uns nach Port Said. Dann waren wir tagelang mit einem Schiff unterwegs nach Neapel. Es stürmte. Wieder war ich entsetzlich seekrank. Neapel war zerschossen. Hunger, Elend und Schwarzhandel. Ein gestohlener Borsalino für zwei Zigaretten. Es war die erste zerstörte Stadt, die wir sahen, und wir hatten es uns nicht vorstellen können. Zwei Tage lagen wir im Hafen von Neapel und warteten auf eine tschechoslowakische Regierungskommission, die uns abholen sollte, denn wir waren jetzt die dreihundert offiziell Repatriierten, die von den dreitausend übriggeblieben waren. Von Neapel aus fuhren wir mit Güterwagen, in die man Fenster geschnitten und Bänke gebaut hatte, nach Norden. Es war Frühling, und so lange es noch einen Lichtschein gab, knieten wir auf den Bänken, um die blühenden Wiesen und die Bäume zu sehen. Unser Kind wußte nicht, was das ist: eine Wiese. Zehn Tage fuhren wir im Güterwagen. Wir halfen im Küchenwagen und schälten Kartoffeln, die mit Öl gegessen wurden. Wir kamen durch Städte, die völlig verwüstet waren. An der tschechoslowakischen Grenze stiegen wir aus. Die

Kinder stürzten sich ins Gras. Man reichte uns Salz und Brot.

Für das letzte Stück unseres Wegs, das man früher in zwei Stunden zurücklegte, brauchten wir noch einmal drei Tage. Jetzt fuhren wir durch vertraute Gegenden. Dann kamen wir nach Prag. Jahre hatten wir auf diesen Augenblick hingelebt. Der Zug fuhr ein. Auf dem Bahnsteig standen unsere Freunde. Es war der 13. Mai 1946. Ein dreizehnter, die Zahl, mit der alles begonnen hatte. Jetzt kehrten wir heim, aber wir hatten noch nicht das Ausmaß der Schmerzen begriffen, das uns erwartete.

Fürnberg wußte es schon in Palästina. Seine Eltern hatten nicht überlebt. Er schrieb ein Gedicht an dem Tag, an dem er es erfuhr, »Den Mitmenschen«. Aber er ahnte nicht, daß alle getötet worden waren. Seine ganze Familie. Sein Bruder in Buchenwald, alle anderen in Auschwitz und Majdanek. Niemand hatte sich retten können. Seine Familie war zu arm gewesen. Wer Geld hatte, fand manchmal noch einen Ausweg. Fürnberg fühlte sich schuldig, daß er überlebt hatte – wie wir uns alle schuldig fühlten. Als wir später in Weimar lebten, ging er mit den Kindern den langen Weg hinauf nach Buchenwald. Es gibt Menschen, die heute dort spazierengehen und Pilze suchen. Ich kann es nicht.

Ich erfuhr es, als ich zurückkam. Freunde sagten es mir. Und ich las es an der Wand der Synagoge in Prag. Ich fand den Namen meines Onkels. Ich fand den Namen seiner Frau, seiner Töchter. Ich fand den Namen meiner Tante aus Mährisch-Ostrau, die mich aufgenommen hatte, als ich auf der Flucht war. Ich fand den Namen ihres Sohnes, der seine Mutter nicht allein lassen wollte und ihr folgte ins Gas. Ich fand die Namen von Freunden und den meines anderen Onkels, den ich um Rat gefragt hatte, als unser Sohn auf die Welt gekommen war. Alle waren nach Auschwitz gekommen. Und ich fand den Namen meines Großvaters, Josef Pfefferkorn. Er war in Theresienstadt umgekommen. Vierzehn Tage hat es gedauert, bis er verhungert war, dieser wunderbare, gütige, gepflegte alte Mann. Das Bündel Briefe, das er mir nach Jugoslawien geschrieben hatte, liegt verschnürt. Ich kann es nicht in die Hände nehmen. Er hat mir geschrieben, wie man Liebesbriefe schreibt. Ich bin nach Theresienstadt gefahren. Ich mußte es sehen. Es ist ein Schmerz, der nie vorübergeht.

Manchmal spüre ich Haß. Keine Rachegefühle. Aber Haß, für Augenblicke. Fürnberg wollte verzeihen. Er wollte vergeben und seine Sanftmut hat auch meine Gefühle gemildert. Wir konnten nur weiterleben, wenn wir uns erinnerten. Wir mußten uns täglich bewußt machen, wie es geschehen war, wodurch es geschehen war, was die Ursachen sind, daß es Ursachen gibt und der Mensch nicht immer so erbarmungslos war und nicht immer so erbarmungslos sein muß. Nur dann, wenn ich mir auch heute den Weg bewußt mache, für den ich mich vor fast sechzig Jahren entschieden habe, dann kann ich zu einem inneren Frieden finden. Es durfte sich nicht wiederholen. Wir würden alles dafür tun. Das waren unsere Gedanken, als wir zurückkehrten.

Man liebt an den Orten, an denen man aufwächst, bestimmte Konturen, deren Züge man durchs ganze Leben in sich trägt. Da war der Hradschin in Prag, der immer wieder in Fürnbergs Gedichten vorkommt, da war Trautenau, das Paradies meiner Kindheit. Ich stand vor dem Haus meiner Großeltern, aber ich ging nicht hinein. Das mögen die Leute nicht, die jetzt dort leben. Es hat mir wehgetan. Alles war so anders. In dem schönen Garten stehen Garagen. Ich war dort sehr glücklich gewesen. Da waren die fernen Umrisse des Riesengebirges, nach dem ich während all der Jahre Sehnsucht hatte. Wir haben immer davon geträumt, uns dort eine kleine Hütte zu bauen und viele Zelte anzuschaffen, und in jedem Zelt würden Freunde sein. In all den Jahren sind wir vom Träumen nicht losgekommen. Vielleicht sind wir niemals richtig erwachsen geworden.

Wir kamen kurz nach dem ersten Jahrestag der Befreiung in eine unerhört aufgewühlte Atmosphäre zurück. Die Menschen waren glücklich, und man hat immerzu gefeiert. Es war noch schöner, als wir es uns vorgestellt hatten. Zuerst schien uns die Zeit, die wir fort gewesen waren, kurz, aber sie wurde länger, als wir die Veränderungen spürten. Nach und nach wurde uns bewußt, wie viele unserer Freunde, nach denen wir fragten, nicht mehr lebten. An ihrem Tod wurde uns die Vergangenheit deutlich. Wir wollten eine neue Welt aufbauen. Das waren wir den Menschen schuldig. Es war für uns die einzige Möglichkeit, mit dem fertig zu werden, was geschehen war.

In unserer Wohnung am Belvedere-Plateau lebte ein einzelner Mann aus dem Ministerium. Ich habe um das Haus gekämpft, weil ich darin wohnen wollte. Ein Anwalt hatte uns geraten, das Erbe anzutreten. Wir könnten dann sorglos leben, meinte er. Nachdem wir uns dazu entschlossen hatten, gingen wir ein Eis essen. Aber dieses Eis, so stellten wir später fest, war eine Hochstapelei. Jahrelang waren Steuern für mein Erbe aufgelaufen und als Hypotheken auf das Haus gelegt worden, die wir nicht abzahlen konnten. Es wäre einfacher gewesen, wenn ich auf das Erbe verzichtet hätte. Wir hatten nichts von dem Haus, nur die Wohnung. Eines Tages wurde alles, was wir besaßen, auch unsere alten Möbel, gepfändet. Erst als Fürnberg in die Diplomatie geschickt werden sollte, wurden die Sachen wieder freigegeben. »Das kommt davon«, sagte er lachend, »daß ich eine Kapitalistentochter geheiratet habe.«

Wir waren 1946 in Prag angekommen. Bis 1948 hatten wir keine eigene Wohnung. Zuerst lebten wir in den zwei Zimmern einer Freundin, die in unserem Haus wohnte. Die Freundin ging in die Diplomatie nach England, kam aber früher als erwartet zurück, und wir zogen für eine Zeit in eine Kellergarage in unserem Haus. Der Hausmeister, der der uneheliche Sohn der Köchin meiner Mutter war, nahm unseren Sohn zu sich, damit er nicht auf Zementboden leben mußte. Später konnten wir in die Garconnière ziehen, eine Einzimmerwohnung mit Kitchenette und Bad, die er sich während des Krieges verschafft hatte und uns überließ, bis wir in unsere Wohnung im vierten Stock zurück konnten.

Außer unseren Koffern hatten wir nichts. Von Freunden, bei denen wir vor der Flucht Sachen untergestellt hatten, bekamen wir einige Möbel zurück. Eine Frau, die in der Firma meines Vaters gearbeitet hatte und sehr musikalisch war, hatte uns damals um den Flügel gebeten, um ihn, solange wir fort waren, benutzen zu können. Fürnberg hatte während der ganzen Emigrationszeit von diesem Flügel geträumt. Ich wollte, daß er wieder darauf spielte – nur, diese Frau gab ihn nicht zurück. Wir gingen zum Anwalt, es wurde verhandelt, und die Zeit verging. Aber als 1948 im Februar die Kommunistische Partei die Regierung übernahm, klingelte es an unserer Tür. Draußen war Sturm. Als ich die Glastür öffnete, zersplitterte das Glas. Aber durch die Scherben sah ich den Flügel, der auf dem schmalen Absatz vor der Eingangstür stand.

1947 hatte ich eine Arbeit im Prager Rundfunk bekommen. Zuerst sollte ich bei der Zensur arbeiten, aber da hätte ich Briefe öffnen müssen, und das wollte ich nicht. Ich begann die Arbeit beim Rundfunk mit einem schlechten Gewissen, denn ich war schwanger und hatte nichts gesagt. Das bedeutete, daß ich drei Monate würde fehlen müssen. Es war mein fester Plan gewesen, sobald wir wieder in Prag wären, noch ein Kind zu haben. Ich gehörte zur Redaktion und war später für österreichische und deutsche Sendungen verantwortlich, mit jeweils einer Viertelstunde Sendezeit am Abend. Die Nachrichten wurden live gesprochen. Ich habe auch kurze Interviews mit fast allen aus der Emigration zurückgekehrten deutschen Schriftstellern gemacht, wenn sie nach Prag kamen. Auch Brecht habe ich auf der Durchreise um ein Interview gebeten, aber er war der einzige, der ablehnte: »Denken und Sprechen – beides kann ich nicht gleichzeitig.« Das Schwierige war, daß wir so wenig Bänder hatten, die aus Sparsamkeit nicht geschnitten werden konnten. Heute schneidet man einen Versprecher einfach raus. Bei uns ging das nicht, und man mußte sich unglaublich konzentrieren.

Ich hatte mir eine Arbeit gesucht, die ich am Nachmittag oder am Abend machen konnte. Fürnberg und ich teilten uns den Haushalt. Wenn ich fort war, blieb er zu Hause bei unserem Sohn und umgekehrt. Spät am Abend holte er mich ab, und wir gingen in ein Café. Ich habe bis zum letzten Tag vor der Entbindung gearbeitet, weil ich lieber nach der Geburt drei Monate zu Hause bleiben wollte. Es ging mir gut, bis ich eines Tages in der Straßenbahn etwas Nasses spürte. Die Fruchtblase war geplatzt. Ich stieg aus, ging in die Klinik und brachte Alena zur Welt. Sie hatte es soviel leichter als der Junge. Immer hatte er mit uns in einem Zimmer leben müssen, und jetzt konnten wir sogar wieder zurück in unsere alte schöne Wohnung. Das schlechte Gewissen wegen der verschwiegenen Schwangerschaft hatte mich so sehr geplagt, daß Fürnberg während der drei Monate, die ich jetzt zu Hause blieb, meine Arbeit ohne Bezahlung übernahm. Er arbeitete damals frei als Auslandskorrespondent für Holland, Schweden, Dänemark, Österreich und die Schweiz und berichtete über die Tschechoslowakei. 1948 bekam er eine feste Stelle als Berater der Abteilung für Beziehungen zu deutschsprachigen Ländern im Informationsministerium, und er war viel unterwegs. Mit den tschechoslowakischen Philharmonikern fuhr er zu ihrem ersten Konzert nach Dresden und hatte furchtbare Angst, daß sich einer von dort aus in den Westen absetzen könnte. Aber er brachte sie alle wieder zurück. Er lud die erste deutsche Schriftstellerdelegation nach Prag ein. Es kamen Willi Bredel, Kuba, Ludwig Renn, Stephan Hermlin, Bodo Uhse, Hans Marchwitza, Max Zimmering und Friedrich Wolf. Man muß sich klarmachen, daß so etwas keineswegs selbstverständlich war, denn es gab einen tiefsitzenden Haß auf die Deutschen, die fünfzehntausend tschechoslowakische Intellektuelle umgebracht hatten. Fürnberg und ich vermieden es, auf der Straße Deutsch zu sprechen. Mit unserem Sohn hatten wir auch schon in Palästina Tschechisch gesprochen, obwohl Fürnberg nicht gut Tschechisch sprach.

Als wir nach Prag zurückkehrten, dachten wir, hier würden wir bleiben und alt werden. Wir waren sicher, man würde uns annehmen, denn wir gehörten doch hierher. Aber es wurde mit der Zeit mehr und mehr deutlich, daß die Wirklichkeit über Bilder und Erinnerungen hinweggegangen war. Man steigt nicht zweimal in den gleichen Fluß. Wir hatten die tschechoslowakische Staatsbürgerschaft beantragt. Ich bekam sie gleich, weil mein Vater sich früher bei einer Volkszählung als Tscheche hatte registrieren lassen. Aber Fürnberg, der unter den Nazis so hatte leiden müssen, mußte warten. Er war eben Deutscher.

Fürnberg war ein Mittler. Er kannte die meisten der in die neugegründete Deutsche Demokratische Republik zurückgekehrten Schriftsteller, und er kannte die tschechoslowakische Literatur. Sein ganzes Leben hatte er auf diese oder jene Weise zwischen den Kulturen und den Menschen vermittelt – und schließlich holte ihn der Name Nuntius, der Gesandte, ein. Als wir 1949 die Nachricht bekamen, daß Fürnberg als Botschaftsrat in die Deutsche Demokratische Republik gehen sollte, habe ich geweint. Ich habe sogar überlegt, mit den Kindern in eine landwirtschaftliche Produktionsgenossenschaft zu gehen. Ich wollte in der Nähe von Prag bleiben, um unseren Sohn, der gerade begann, sich einzuleben, nicht wieder aus der Schule herauszureißen. Ich liebte ja das Landleben, es war eine Erinnerung an die Tiere im Garten meiner Großeltern – aber ich hätte mich nie und niemals von Fürnberg trennen können. Es war schwer für mich, nach Berlin zu gehen, sehr schwer. Endlich hatte ich wieder einen Beruf. Ich wollte meine Tage nicht als Anhängsel von Fürnberg verbringen. Aber ich hatte keine Wahl. Ich wäre überall mit ihm hingegangen. Es war eben auch eine Aufgabe, die er bekommen hatte, und ich habe es akzeptiert. Er würde wieder – wenn nicht in seinem Land – so doch in seiner Sprache leben. Darin lag auch eine Chance. Wir haben also alles eingepackt, nach Vorschrift jedes Stück aufgeschrieben, und zogen um. Ich mochte Berlin nicht. Es war mir fremd und kalt. Ich mag es auch heute nicht. Ich fühlte mich einsam und verlassen. Wir zogen nach Pankow in die Pfeilstraße. Unser Garten grenzte mit der Rückseite an das Grundstück von Arnold Zweig. Wenige Häuser weiter wohnte Hanns Eisler. Auch Kuba, mit dem Fürnberg seit seiner Jugend befreundet war, wohnte in der Nähe. Fürnberg hatte Kuba entdeckt, obwohl er immer sagte: »Er hat sich mir entdeckt.« Kuba war ein unerhört ehrlicher Mensch, der nie etwas getan hätte, woran er nicht glaubte. Er war sehr leicht erregbar und starb, wie er gelebt hatte – in einem Zornesausbruch über die Zwischenrufe während eines Theaterstücks zum fünfzigsten Jahrestag der Sowjetunion 1967 in Frankfurt am Main. Alle sind sie so früh gestorben, die zurückgekehrt waren und ihre Hoffnungen auf eine neue Gesellschaft in einem neuen Land gesetzt hatten.

In Berlin habe ich versucht, meine eigenen Wege zu gehen und so wenig wie möglich als Diplomatengattin aufzutreten. Es langweilte mich, zu repräsentieren. Ich begann, aus dem Tschechischen zu übersetzen. Ich machte zunächst Rohübersetzungen der Gedichte von Nezval, die Fürnberg und Kuba nachdichteten. Das erste Buch, das ich übersetzte, war eine umfangreiche Biographie von Josef Mánes, einem tschechoslowakischen Maler aus dem 19. Jahrhundert. Es folgte ein Buch über China von Marie Majerová, das, als es fertig war, nicht mehr erscheinen durfte, weil sich die Beziehungen zu China verändert hatten. Ein Buch von Julius Fučík über die Sowjetunion aus den dreißiger Jahren konnte ich nicht beenden, weil die Arbeit daran schon in die Zeit der politischen Ereignisse fiel, die die nächsten Jahre überschatten würden. Auch die Reportagen, die ich für den Prager Rundfunk über die DDR machte, wurden nur noch für eine kurze Zeit gesendet, dann seltener und schließlich gar nicht mehr. Man sagte nicht: »Mach keine Reportagen mehr.« Man sagte gar nichts und vergaß mich unter der Hand. Es begann sich etwas zu verändern.

Fürnberg spürte diese Veränderung früh. Er war ein sensibler Mensch, manchmal fast schutzlos, ohne Haut. Er setzte sich auf seine Weise in seinen Gedichten mit dem Kommenden auseinander. Im »Epilog« heißt es am Schluß: »...werde ich die Erde aufbrechen« und »ein Fremder sein an meinem Ursprung«. Dieses Gedicht ist ein Auflehnen gegen den Tod, es ist ein Versuch der Hoffnung in einer wenig hoffnungsvollen Zeit. Die Metapher für das Kommende ist der Tod, dessen Vorahnung ihn trotz seines Lebenswillens begleitete. Fürnbergs politische Position war im übertragenen Sinne auch eine Auseinandersetzung mit Leben und Tod. Über allem lag ein historischer Optimismus, der ihn selbst, sein eigenes Leben, zuweilen ausschloß. Er gab den »Epilog« in einer Sammlung 1956 heraus und wollte ihn ans Ende des Gedichtbandes setzen. Aber ich bat ihn, dies zu ändern, weil es mir zu abschließend, zu endgültig war.

Es war 1952. Bis dahin hatten wir an nichts gezweifelt. Unauffällig zunächst und dann immer deutlicher werdend, geschahen Dinge, die wir, so sehr wir sie auch hin und her wendeten und abzuwägen versuchten, nicht akzeptieren konnten. Es war noch nichts Grundsätzliches. Nach wie vor wollten wir in das, was die Regierung der Tschechoslowakei tat, vertrauen, aber gleichzeitig machten sich Zweifel breit, und sie berührten auch uns.

Die Zeit der Säuberungsprozesse, die als Slánský-Prozesse in die Geschichte eingingen, begann. Es gab Vorboten, die man jetzt im Rückblick deutlich sehen kann, aber damals, im Geschehen selbst, deuteten wir sie als Irrtümer, die sich korrigieren ließen. Noch bevor wir nach Berlin gehen mußten, war unser Freund Kosta verhaftet worden. Es hatte bis dahin hie und da Verhaftungen gegeben, aber es war niemand von unseren Freunden darunter gewesen, für deren politische Einstellung wir hätten garantieren können. Kosta aber war unser Freund, und er wohnte bei uns im Haus. Wir sahen uns oft, wenn auch nicht täglich. Eines Morgens war er verschwunden und seine Frau kam, um bei uns zu telefonieren, weil man ihr das Telefon weggenommen hatte.

Die Freundschaft mit meinem Lehrer Kosta hat mich bis zu seinem Tod 1973 begleitet. 1939 hatte ich ihn in London in einem psychiatrischen Krankenhaus wiedergefunden. Er lag damals völlig darnieder – er habe keine Aufgabe mehr im Leben, alles sei sinnlos. Er hatte sich aus der Wirklichkeit, in der er für sich keinen Platz mehr fand, in dieses Krankenhaus geflüchtet und erzählte mir von den Festen, die die geistesgestörten Menschen dort feierten, wie sie tanzten und wie fröhlich sie seien. Es war ein Auf und Ab. Kostas Zustände kamen in Wellen. Wenn die Depression überwunden war, konnte er unglaublich aktiv sein. Er kam nach Prag zurück in eine hohe Funktion, als Leiter der Auslandsjournalistik im Informationsministerium. Aber er kam aus dem westlichen Ausland. Es begann sich ein Mißtrauen gegen alle zu entwickeln, die nicht in der Sowjetunion gewesen waren. Wir wußten, daß es auch uns betraf. Kosta war vorsichtig und sehr zögernd. Es war uns klar, daß er unschuldig war, aber wir konnten uns erklären, was zu dem Mißtrauen gegen ihn geführt hatte. Er, der vor dem Krieg nicht in der Partei gewesen war, hatte vorgegeben, schon lange Parteimitglied gewesen zu sein. Das war das einzige, was man gegen ihn vorbringen konnte, denn er war als Mensch gar nicht entschlossen genug, um Gegner unserer Sache zu sein. Auch dazu braucht man Energie, auch wenn sie aus Feindschaft erwächst. Kosta blieb ungefähr ein Jahr im Gefängnis. Es war ein Irrtum, versicherten wir uns. Daß diese Geschehnisse ganz andere Dimensionen hatten, ahnten wir nicht, und daß sie bis heute Spuren in meinem Leben hinterlassen würden, konnte ich mir damals nicht vorstellen.

Ich weiß nicht, woran es lag, daß Fürnbergs Integrität in all den wechselvollen Jahren niemals in Frage gestellt wurde. Er hatte nie verleugnet, was er dachte, und es wurde auch nie von ihm verlangt. Es muß etwas in seiner Person gewesen sein, in seiner Ausstrahlung, das ihn wie eine Hülle schützte vor dem Mißtrauen, das politische Auseinandersetzungen in diesen Zeiten so mörderisch werden ließ. Ich dachte nie, daß diese Hülle jemals ernstlich verletzt werden könnte, aber jetzt, so viele Jahre nach seinem Tod, ist es nun doch geschehen.

Vor einiger Zeit bat mich der Zsolnay Verlag in Wien um Fotos von Fürnberg. Es solle ein Buch über die deutschen Schriftsteller in der Tschechoslowakei erscheinen. Der Autor, ein gewisser Serke, habe auch über Fürnberg eine Passage geschrieben. Es sei jetzt entsetzlich eilig, und man bitte um die Zusendung von Fotos ohne Formalitäten, bei Erscheinen bekäme ich ein Belegexemplar. Ich schickte die Fotos, das Buch erschien, ein Belegexemplar erhielt ich nicht, nur den Anruf eines jungen Lyrikers, der das Buch gesehen hatte: Fürnberg habe, so war zu lesen, Oskar Kosta zur

Zeit der Slánský-Prozesse belastet, um selbst einer Verhaftung zu entgehen. Der Autor bezog sich auf ein Gespräch mit Kostas Sohn, der 1968 in den Westen gegangen war. Ich habe sofort an den Verlag geschrieben. Der Verlag schwieg. Aber der Autor schrieb mir einen Brief, der mich so tief empörte, daß ich darauf keine Antwort habe. Einen Menschen des Verrats zu beschuldigen, ist eine ernste Sache. Es kann ein Leben zerstören. Ich habe gegen das Buch nichts unternommen. Mir fehlt das Geld dazu. Man ist schwach, wenn man Dinge bestreiten muß – und ein Schatten bleibt.

Noch waren wir in Berlin. In Prag wurde Ludwig Freund-Frejka, ein alter Freund von Fürnberg, der Planungsminister war, angeklagt. Im Radio hörten wir seine Aussage. Da kamen Fürnberg entschiedene Zweifel, weil nichts von dem richtig war, was der Angeklagte über seine Vergangenheit aussagte. Es war offensichtlich, daß ihm Aussagen unterschoben worden waren. Ludwig Freund-Freijka wurde zum Tode verurteilt und hingerichtet. Daß sein Sohn – laut Zeitungsberichten – freiwillig bereit gewesen war, dem Vater das Urteil zu überreichen, hat Fürnberg, der sich nie von belasteten Freunden zurückzog und andererseits der versöhnlichste Mensch von der Welt und der Jugend so zugetan war, dermaßen abgestoßen, daß er sich weigerte, diesem Jungen jemals wieder zu begegnen.

Es wurde immer deutlicher, daß irgend etwas nicht stimmen konnte. Natürlich war es auch so, daß alle sozialistischen Staaten noch sehr jung waren und von außen alles getan wurde, um sie zu Fall zu bringen. Angesichts der Macht, mit der die westlichen Staaten versuchten, Einfluß zu nehmen, waren wir geneigt, anzunehmen, daß sich dieser oder jener auf die andere

Seite geschlagen hatte. Schwierig wurde es aber, wenn wir die Menschen kannten, denen so etwas vorgeworfen wurde, und wir es mit den Erfahrungen, die wir selbst mit ihnen gemacht hatten, nicht in Einklang bringen konnten. Fürnbergs Vorgesetzter in Berlin, der tschechoslowakische Botschafter Fischl, wurde plötzlich abberufen, angeklagt und hingerichtet. Ich hatte kein Vertrauen in diesen Mann, aber ich konnte mir keinen Vorwurf vorstellen, der dieses entsetzliche Ende hätte rechtfertigen können. Jetzt mußte Fürnberg dessen Funktion übernehmen. Es war ein schmaler Grat geworden, auf dem er ging. Eine falsch aufgehängte Fahne konnte ein gefährlicher Schritt daneben sein. Fürnberg war unter solchen Bedingungen nicht gern Diplomat. Er wollte schreiben oder irgendwo Lehrer sein, aber jetzt mußte er so vieles tun, was ganz gegen seine Natur war. Alle wollten auf einmal etwas von ihm. Fürnberg war bis zur Umständlichkeit gewissenhaft. Er hatte, wie alle Menschen in Machtpositionen, Neider, die versuchten, Schwachpunkte herauszufinden. Das einzige, was sie fanden und nach Prag meldeten, war die Tatsache, daß er sich den Luxus erlaubte, sich nach dem Essen ein wenig hinzulegen.

Im Laufe der Zeit in der Diplomatie spitzte sich die Lage zu. Es kam Weihnachten 1951/52. Unser Junge war in einem Internat in der Tschechoslowakei geblieben, weil er in Berlin nicht nur Deutsch, sondern auch Russisch hätte nachholen müssen. Er sollte in den Ferien zu uns kommen. Aber man ließ ihn nicht fahren, weil man fürchtete, wir könnten uns dann mit beiden Kindern in den Westen absetzen. Ich fuhr nach Prag ins Außenministerium, aber ich habe nichts erreicht, und schließlich fuhren wir alle in die Tschechoslowakei, um Weihnachten zusammen zu sein. Ein Mißtrauen schlug uns entgegen, das Fürnberg unendlich verletzte. Ein Jahr später wurden wir nach Prag zurückgerufen. Im allgemeinen war es so, daß jeder, der abberufen wurde, am nächsten Tag reisen mußte. Man gab uns drei Tage, die wir auf zehn verlängern konnten. Das war wie ein Orden. Wieder wurde alles eingepackt, aufgeschrieben und verladen. Ein Freund sagte uns beim Abschied: »Ich wünsche euch viel Glück.« Da sagte Fürnberg: »Ich habe ein gutes Gewissen.« – »Das nützt dir gar nichts«, meinte der Freund, »Glück mußt du haben.« – »Wenn der Feind mich bekämpft«, sagte Fürnberg später zu mir, »werde ich mich wehren, aber wenn mich die Partei verdächtigt, werde ich mich umbringen.« Da mußte ich hart mit ihm ringen. Ich wußte, daß wir das, was wir taten und getan hatten, verantworten konnten, und es war für mich keine Frage, auch das durchzuhalten, wenn es auf uns zukommen sollte.

Die Geschichtsschreibung ist eine eigentümliche Sache. In dem Buch über die böhmischen Schriftsteller soll Fürnberg sich durch Denunziation vor dem Gefängnis bewahrt haben. In der Autobiographie des Wiener Verlegers, Kunsthändlers und Malers Willy Verkauf-Verlon, mit dem wir in Jerusalem befreundet waren und der dort einen so kleinen Buchladen betrieb, daß er ihn zusammenklappen und in den Hausflur stellen konnte, wird hingegen ein trauriges Gedicht Fürnbergs als Beweis gerade dafür zitiert, daß er während der Slánský-Prozesse im Gefängnis war.

Aber Fürnberg ist, obwohl er nie in irgendeinem belastenden Zusammenhang erwähnt, noch jemals befragt oder zur Rechenschaft gezogen wurde, an den Prozessen zugrunde gegangen. Lange, sehr lange hat er geglaubt, und als er zu zweifeln begann, war etwas in ihm zerbrochen. Was immer blieb, war die tiefe Loyalität zur Partei, die wir beide teilten. Für ihn war es eine sehr persönliche Beziehung, und er schrieb Gedichte an die Partei, die wie Liebesgedichte klingen. Fürnberg trennte nicht zwischen Privatem und Politischem, beides war ineinander verflochten. Die Partei war für uns beide eine innere Heimat geworden in all der Wurzellosigkeit unseres Lebens. Sie war keine tote Organisation, sie war mit Leben erfüllt; es waren die Freunde. Fürnberg und ich haben immer Freunde gebraucht, wir haben sie überall gesucht, und sie blieben uns ein Leben lang. Worin besteht Freundschaft? In gemeinsamen Zielen, Übereinstimmung, in all dem, was man miteinander erlebt. Die Partei war und ist auch das große Gefüge der Menschen, die uns in der Not geholfen haben.

Am 21. Dezember 1952, Stalins Geburtstag, fuhren wir mit dem Zug, den Fürnberg als Diplomat selbst eingeweiht hatte, nach Prag zurück. Die Situation in Prag war äußerst angespannt. Rudolf Slánský, der Generalsekretär der Partei, war zum Tode verurteilt worden. Sein Bruder bekam fünfundzwanzig Jahre, Goldstücker zwanzig Jahre. Kosta war frei. Bei dem Bruder des zum Tode Verurteilten, Richard Slánský, und seiner Frau Traute Slánská-Hölz hatte ich in London gelebt. Goldstücker war unser Freund. In den Prozessen spielten zwei Namen eine große Rolle, die zu kennen jetzt gefährlich war: die Brüder Field. Es hieß, sie seien Agenten gewesen. Ich kannte sie als amerikanische Kommunisten, die nach dem Einmarsch der Nazis in die Tschechoslowakei Menschen halfen, das Land zu verlassen. In meinen Briefen aus England hatte ich die Brüder Field erwähnt. Wir hatten Angst. In dieser Zeit hat Fürnberg alle Briefe vernichtet, in denen Namen vorkamen, die jetzt in irgendeinem Zusammenhang zu den Prozessen standen. Es waren alle Briefe dabei, die wir uns geschrieben hatten, als er aus der Gestapohaft entlassen und ich noch in England war.

Wir kamen zurück nach Prag, gingen in die alte Wohnung, brachten alles in Ordnung und fingen wieder neu an. Eines Nachts klingelte es an der Tür. Fürnberg sagte: »Glaubst du mir, daß ich nie etwas getan habe, was unserer Sache schadet?« – »Du Esel«, sagte ich und ging zur Tür. Es war nur der Telegrammbote.

Wir haben einander versichert: Der Boden ist aufgeteilt, es gibt keine Großagrarier und keine Konzerne mehr, die die Regierung in der Hand haben. Die Wirtschaft ist sozialistisch. Wenn jetzt Unrecht geschieht, wird es aufgedeckt und wiedergutgemacht werden. Als Berija im Juli 1953 verhaftet wurde, dachten wir: Er war es. Er war der böse Geist, der hinter Stalin agierte. Nicht in der Struktur sahen wir die Fehler, sondern in den einzelnen Menschen. Als Stalin starb, trauerten wir. Immer noch war er für uns der große Feldherr, der uns vor den Nazis gerettet hatte. In Prag brannten die Straßenlaternen den ganzen Tag.

Ich fand zunächst keine Arbeit. Es war zwar genug Arbeit da, aber als Frau eines abberufenen Diplomaten war ich belastet. Wer wollte schon jemanden anstellen, der ein Risiko bedeutete. Fürnberg bekam sein Gehalt noch drei Monate weitergezahlt, dann wurde ihm vom Schulministerium vorgeschlagen, die kulturelle Betreuung anderssprachiger Tschechoslowaken zu übernehmen. Es waren eine Menge Deutsche, Ukrainer, Ungarn und auch Zigeuner. Fürnberg organisierte ein Wandertheater, suchte Schauspieler aus und Sänger für Opern.

Wie alles, was er tat, hat er auch diese Arbeit mit Hingabe gemacht, aber etwas, was schon lange in ihm arbeitete, war ihm in den drei Jahren in Berlin noch bewußter geworden: In dem Land, in dem er lebte und aus dem er kam, hatte er keine Stimme mehr. Er hatte die Erinnerung an die Vergangenheit, aber die Verhältnisse waren andere geworden. Es lebten nicht mehr viele Deutsche in der Tschechoslowakei. Für sein innerstes Anliegen, den Umgang mit seiner Sprache, fand er kein Echo. Natürlich hat er schreiben können, es wurde auch einiges übersetzt, aber in Prag gab es für einen deutschen Dichter kein Publikum mehr. Was es hieß, wenn Menschen ihm zuhörten, hatte er in Berlin bei Lesungen wieder erlebt, und er brauchte den Kontakt. Drei Millionen Deutsche hatten einmal in der Tschechoslowakei gelebt, und die meisten hatten sich dort als Nazis betätigt. Auf der Konferenz von Potsdam 1945 war beschlossen worden, sie auszusiedeln. Es war bitter für uns, aber wir haben es akzeptiert. Vielleicht hätten wir bleiben können, wenn Fürnberg ausschließlich Musiker gewesen wäre. Wir hatten ja Arbeit und unsere schöne Wohnung. Fürnberg war im Schulministerium so beliebt, daß Kollegen begannen, sein schlechtes Tschechisch zu übernehmen. Aber er konnte nicht Schriftsteller sein, wenn niemand ihm zuhörte – und die Zeichen, die das deutlich machten, mehrten sich.

Der Gedanke, noch einmal wegzugehen, kam sehr bald. Es war mir klar, daß Fürnberg bei der Arbeit, die er tat, verkümmern würde. Er war zwar ein gewissenhafter Beamter, aber er war vor allem ein Dichter. Um das Überleben des Dichters ging es jetzt, und als Fürnberg das Angebot bekam, nach Weimar zu gehen, habe ich mich damit abfinden können, Prag zu verlassen, auch wenn ich wußte, daß es diesmal für immer sein würde. Fürnberg beantragte die Übersiedlung mit Zustimmung beider Regierungen. Als er die Reisepässe abholen wollte, hielt der Beamte sie in der einen Hand und in der anderen eine einen Bekannten belastende Aussage, die Fürnberg unterschreiben sollte. Fürnberg unterschrieb nicht. Man gab ihm die Pässe nicht. Er kam nach Hause und sagte: »Es wird wohl nichts werden mit der Ausreise. Ich hoffe, du bist mit mir einverstanden.« Ich war es. Fürnberg fürchtete sich vor dem Zahnarzt, aber er war ein ungeheuer tapferer Mensch, wenn es um seine politisch-moralische Integrität ging. Wir bekamen die Pässe trotzdem, auch ohne Denunziation, aber wir waren tief erschüttert über die Methoden, die wir so noch nie am eigenen Leib erfahren hatten.

Ich packte wieder alles ein und schrieb wieder alles auf. Es war August 1954. Das Haus in der Rilkestraße in Weimar war dunkel und verkommen. Ein Pilzforscher hatte es gerade in Richtung Westen verlassen. Vor dem Haus stand eine Silbertanne. Ich setzte mich auf den niedrigen Holzzaun, mit dem sie umgeben war, und dachte: »Jetzt ist mein Schicksal besiegelt.« Das Haus war mir zu groß. Es gab einen einzigen Maler, der einen Monat lang die Wände strich. Wir wurden jetzt Deutsche, auch auf dem Papier.

Fürnberg liebte die Klassik, am meisten Goethe, mit dem er sich sein ganzes Leben lang beschäftigt hat. Die Gespräche mit Eckermann und den »West-östlichen Divan« konnte er fast auswendig. Er hatte das Vorwort zur tschechoslowakischen Eckermann-Ausgabe geschrieben und eine tschechoslowakische Goethe-Ausgabe herausgegeben. Er war so sehr mit Goethe im Dialog, daß er ihn in seinem Exemplar der »Gespräche mit

Eckermann« ständig für sich selbst redigierte und alles dem Leben Zugewandte bei Goethe unter- und alles Resignierte und Verzagte wegstrich. Die Arbeit, für die man Fürnberg nach Weimar geholt hatte, war wieder eine vermittelnde. Die Leitung der Nationalen Forschungsstätten sollte auf zwei Personen aufgeteilt werden – auf einen Direktor, dem wesentlich organisatorische Aufgaben zugedacht waren, und auf Fürnberg, der als Bindeglied zwischen den Forschungsstätten und dem literarischen Leben fungieren sollte. Er hatte viele Pläne. Er wollte eine Verbindung herstellen zwischen der deutschen Klassik und der Literatur der slawischen Völker, womit sich Herder und Goethe schon befaßt hatten. Innerhalb der Forschungsstätten gründete er eine germano-slawische Abteilung. Er gründete auch die »Weimarer Beiträge«, eine literaturwissenschaftliche Zeitschrift, die es heute noch gibt. Er knüpfte Kontakte zu Wissenschaftlern und Professoren, um sie zur Mitarbeit zu gewinnen. Fürnberg hat unendlich viel korrespondiert, besonders mit jungen Schriftstellern, die er ermutigte, kritisierte und unterstützte, wie Christa Wolf und Franz Fühmann. Er wandte sich auch wieder dem Theater zu und träumte von einem kleinen poetischen Theater auf der Parkseite des Belvedere-Schlosses. Er war immer tätig und stand morgens um fünf Uhr auf, um an seinen eigenen Sachen zu arbeiten. Dann kam der zweihundertste Geburtstag von Schiller. Fürnberg mußte überall Vorträge halten, obwohl ihm Schiller zu pathetisch war. Es kostete ihn eine große Überwindung und Anstrengung – und vielleicht war sie zu groß.

Im Sommer 1955 gingen wir nach Ahrenshoop, um uns zu erholen. Das Klima ist dort, an der Ostsee, sehr rauh, und es ging Fürnberg so schlecht, daß er früher zurückfuhr. Danach wollten wir nach Prag reisen, aber den Weg über Berlin machen, wo der Dietz-Verlag, in dem Fürnberg damals publizierte, sein zehnjähriges Bestehen feierte. Es war ein großes Fest. Wilhelm Pieck war da und John Heartfield, der so bewegt war, daß er Pieck die Hand küssen wollte. Pieck war ein zurückhaltender und bescheidener Mensch. Es war ihm peinlich, als Gedichte rezitiert wurden, in denen sein Name vorkam, und er sagte: »Auch wenn sich dreimal Republik auf Wilhelm Pieck reimt, so wird daraus noch lange kein Gedicht.«

Wir fuhren nach Prag und wohnten bei meiner Freundin Magda Reinerová, deren Mann, der Bildhauer Martin Reiner, später die Büste von Fürnberg machte, die heute im Park an der Ilm steht. Ich mag diese Büste nicht, sie trägt den Kopf eines Athleten, der viel zu mächtig ist für einen Menschen wie Fürnberg.

Am Morgen des 31. Juli 1955 in Prag hatten wir beide das Haus verlassen. Wir wollten uns später bei einer Freundin wieder treffen. Als ich kam, lag Fürnberg auf dem Sofa und stöhnte vor Schmerzen, die von seinem Herzen kamen: »Das sind die Prozesse.« Er war auf der Straße zusammengebrochen. Ein Freund hatte ihn in die Wohnung gebracht. Im Krankenhaus stellte man einen ganz schweren Infarkt auf der Rückwand des Herzens fest. Als es ihm nach einer Woche etwas besser ging, setzte sich ein junger Arzt an sein Bett und erzählte ihm, daß er in diesem Krankenhaus nicht vorankomme, weil er Katholik sei. Fürnberg erregte sich so darüber, daß es einen neuen Riß in seinem Herzen gab. Als ich kam, lag er unter dem Sauerstoffzelt. »Was wird sein?« fragte ich den Arzt. »Beten Sie«, sagte er. Ich konnte nicht beten. Aber die Angst um Fürnbergs Leben war wieder da. Es sollte keine Zeit mehr ohne diese Angst geben. Zum erstenmal seit vielen Jahren gab es für uns so etwas wie Sicherheit. Von außen war keine Bedrohung mehr spürbar. Sie kam, wie in der ersten Zeit unserer Liebe, wieder von innen. Der Kreis schloß sich.

Ich blieb die ganz Zeit in Prag, und Fürnberg erholte sich langsam. Er ließ sich den »Zauberberg« als Stärkungsmittel kommen und schrieb an der »Krankengeschichte«, die unvollendet geblieben ist, weil er, sobald er sich besser fühlte, aufhörte, daran zu arbeiten. Er rechnet darin mit der damaligen politischen Situation ab, die in den Säuberungsprozessen kulminierte. Es ist schade, daß die »Krankengeschichte« ein Fragment geblieben ist. Ich denke mir oft, was Fürnberg jetzt sagen würde, was er den jungen Menschen gesagt hätte, die in Leipzig auf die Straße gegangen sind. Die Notwendigkeit einer Veränderung hätte er sicher noch schärfer gesehen als ich, denn in seinem Herzen war er immer auf der Seite der Jugend. Er war nicht dogmatisch, aber in seinem Denken sehr diszipliniert, und er hätte ganz gewiß mit mir darin übereingestimmt, daß man das Erreichte verteidigen müsse. An den Grundsätzen des sozialistischen Systems aber hätte er nicht gezweifelt, denn die reine Lehre ist ein schmaler Pfad, und der Schritt auf die andere Seite ist schnell getan.

Wir gingen im Herzbad Poděbrady durch den Park. Ich dachte, es wird vorübergehen, aber als der Arzt sah, mit welch heftiger Umarmung Fürnberg seine Freunde begrüßte, sagte er: »So nicht mehr.« Alles, was Fürnberg jetzt tat, mußte er langsam tun. Er hörte auf zu rauchen. Doch es war zu spät. Er wollte leben, aber er spürte, daß es nicht dauern würde. »Ich nahm vom Leben, ich zahle mit Leben«, schrieb er in einem seiner letzten Gedichte.

Der XX. Parteitag der KPdSU kam. Chruschtschow hielt seine große Rede. Das, was unter der Oberfläche geschwelt hatte, wurde offenbar. Es war ein Schock – aber er war heilsam. Wir waren froh, daß endlich ausgesprochen wurde, was lange fällig gewesen war. Der XX. Parteitag war wie eine Katharsis. In der Offenlegung aller Fehler sahen wir die einzige Möglichkeit der Genesung. Für viele war dies eine Verunsicherung. Für uns nicht. Der Boden, auf dem wir standen, war nicht erschüttert. Das Fundament hatte keine Risse. Man mußte alles überdenken und neu beginnen. Natürlich war ich erschüttert über das, was ans Licht kam, obschon es nur ein Bruchteil dessen war, was ich heute weiß. Es fällt mir immer noch schwer, auszusprechen, daß Stalin ein Verbrecher war. Damals hätte ich das nicht so sagen können, denn die Dankbarkeit ihm gegenüber in seinem Kampf gegen Hitler, die Inkarnation des Verderbens, hatte sich tief in mein Empfinden eingegraben. Vielleicht waren wir zu sehr auf diesen Kampf fixiert und haben nicht sehen wollen, mit welchen Begleiterscheinungen er auch geführt wurde. André Gide hatte 1936 über stalinistische Prozesse geschrieben. Dann aber schrieb Lion Feuchtwanger, dem wir vertrauten, das Gegenteil. Es war ein langer und schmerzlicher Prozeß, sich von Vorstellungen zu trennen, an denen so lange so viel Hoffnung hing. Wir waren entsetzt über das, was wir geglaubt hatten, aber ich kann nicht sagen, daß ich mich wirklich schuldig fühlte. Ich finde es falsch, wenn Stalin heute mit Hitler gleichgesetzt wird. Der Nationalsozialismus war keine Entgleisung. Hitler hat die Strategie seiner Verbrechen von Anfang an offen dargelegt. Man konnte, wenn man wollte, alles schon sehr früh in »Mein Kampf« lesen. Die Verbrechen, die im Stalinismus begangen wurden, sind nicht im Marxismus begründet. Der Stalinismus mißbrauchte die Lehre von Karl Marx.

»Jetzt könnte ich gesund werden«, hatte Fürnberg nach dem XX. Parteitag gesagt. Aber er wurde es nicht. Ich ging nicht mehr fort. Ich ließ ihn nicht mehr allein. In den letzten beiden Jahren gab es keinen ruhigen Augenblick mehr in meinem Leben. Die Hoffnung wurde kleiner und kleiner. Fürnberg hatte immer wieder neue Herzanfälle, nach denen er tagelang liegen mußte. Wir hatten einen Fernseher angeschafft, der ihn in solchen Zeiten ganz gefangen nahm. Er sah sich alles an, sogar Boxkämpfe. Das einzige, auf das ich jemals wirklich eifersüchtig war, war dieser Fernsehapparat.

Zu Beginn unseres gemeinsamen Lebens hatte Fürnberg zu mir gesagt: »Ich habe nicht viel Zeit.« Ich habe dagegen gekämpft, und er sagte es nie wieder. Aber jetzt wußte auch ich es. Im Flur standen die gepackten Koffer. Es würde, wie immer, ein Arbeitsurlaub sein. Am »Fest des Lebens« wollte er noch einmal arbeiten. Eine Frau hatte noch eine Abschrift gemacht und wollte sie vor der Abreise bringen. Er würde am nächsten Morgen mit dem Wagen abgeholt werden, um zur Kur nach Karlsbad zu fahren. Ich wollte mit den Kindern nachkommen. Es war Wahltag gewesen, Sonntag, der 23. Juni 1957. Ganz früh hatten wir gewählt. In den Nationalen Forschungsstätten war Tag der offenen Tür. Fürnberg hatte viele Briefe geschrieben, den letzten an Rainer Kirsch, er solle sich mit seinen Gedichten wegen einer Veröffentlichung an Peter Huchel wenden, der die Zeitschrift »Sinn und Form« herausgab. Er schrieb, daß »Gedichte zum Leben gehören, weil man ohne Schönheit, ohne Tiefe und ohne die Weisheit der Gedichte nicht leben kann«. Seinen Arbeitsplatz hatte er noch gefilmt und fotografiert. Dann saß er am Flügel bis zum Abend. An seinem Anzug fehlte ein Knopf. Ich saß im Bett und nähte den Knopf an. Wir sind eingeschlafen. Ich hatte Angst, aber sie war nicht größer und nicht anders als immer.

Von einem tiefen, schweren Atmen wachte ich auf. Fürnberg antwortete nicht, als ich seinen Namen rief. Als ich das Licht anmachte, sah ich, daß er bewußtlos war. Ich weckte meinen Sohn, er rief die Ärztin an. Es schien mir endlos, bis sie kam. Er atmete noch, aber er kam nicht mehr zu sich. Mein Sohn und ich flößten ihm Nitroglyzerin ein und machten einen kalten Umschlag auf seine Brust. Aber es waren nur noch Minuten, und er hörte auf zu atmen. Als die Ärztin kam, war Fürnberg tot. Ich drückte ihm die Augen zu. Mein Sohn und ich haben ihn gewaschen und angekleidet. Es dauert lange, bis man begreift, daß dies kein Schlaf ist. Bis zum Morgen habe ich mit meinem Sohn auf einer Couch in seinem Arbeitszimmer gelegen. Dann kamen die Frau mit dem Manuskript und der Fahrer, der ihn abholen wollte. Immer, wenn ich einen dieser beiden Menschen sehe, denke ich an diesen Morgen.

Ich bin nicht mehr hinauf in das Schlafzimmer gegangen. Als die Totenmaske und der Abdruck seiner Hände abgenommen wurden, wollte ich nicht dabei sein. Dann kam der Wagen und holte ihn. Nur noch einmal sah ich ihn – als er aufgebahrt war. Ich lief in den Garten und fand lauter kleine Amseln, die aus dem Nest gefallen waren. In den letzten Nächten war eine Amsel immerzu ans Fenster geflogen. Das Spiegelbild hatte sie verwirrt. Daran mußte ich denken.

Am nächsten Tag kam Kuba und setzte sich sofort an die Arbeit. So ein wilder Mensch wie er zeichnete den Schreibtisch Stück für Stück auf, wie er ihn vorfand. Mit seinen großen derben Händen faßte er die Manuskripte an, als ob es Spitzenschleier wären. Kuba, der niemals in seinem Leben archivarisch gearbeitet hatte, ordnete das gesamte Material und legte Mappen zu den einzelnen Büchern an. Er arbeitete bis tief in die Nächte. Ich saß nur dabei, und es tat mir gut zu sehen, was er tat. Dann wurde die Bibliothek aufgenommen und ein Verzeichnis angelegt. Schon bei der Trauerfeier wurde beschlossen, daß das Haus eine Gedenkstätte würde. Es war Fürnbergs Plan gewesen, in Fortsetzung des Goethe-Schiller-Archivs ein Archiv für die heutige Zeit anzulegen. Die Nachlässe von Johannes R. Becher und Arnold Zweig waren ihm schon zugesichert worden. Ich habe versucht, in Anlehnung an diesen Plan, den gesamten Nachlaß von Fürnberg und seine Bibliothek den Nationalen Forschungs- und Gedenkstätten für klassische deutsche Literatur zu übereignen. Aber es existierte ein anderes, älteres Abkommen, nachdem hier in Weimar nur bis 1900 archiviert werden sollte und alles spätere in der Akademie der Künste in Berlin. Da Fürnberg Akademiemitglied war, gehörte sein Nachlaß eigentlich dorthin. Man fand einen Kompromiß. Das Haus wurde als Archiv eine Außenstelle der Akademie, und die Nationalen Forschungsstätten betreuten das Archiv, so daß Wissenschaftler und Interessierte hier forschen konnten. Als Mitarbeiterin wurde Rosemarie Poschmann eingestellt, mit der ich jetzt seit über dreißig Jahren zusammenarbeite. Sechs Schulen wurden im Laufe der Zeit nach Fürnberg benannt. Manchmal fuhr ich zu Lesungen dorthin, oder die Schulklassen kamen hierher ins Archiv. Schulen, Bibliotheken und Brigaden nahmen seinen Namen an und tauschten sich mit uns aus. Es entwickelte sich ein ganzer Komplex von Öffentlichkeitsarbeit, in dem Rosemarie Poschmann und ich gemeinsam tätig waren. Alles, was Fürnberg umgab, die Bibliothek, sein Schreibtisch, sein Flügel und die Bilder, sind als Kulturgut Bestandteil des dichterischen Nachlasses im Besitz der Akademie. Ich traf diese Verfügung nach langen Verhandlungen 1964. Die Manuskripte bleiben hier, solange ich lebe. Die Akademie hat das Recht, Buchausgaben zu edieren. Nach meinem Tod gehen die Einnahmen daraus an meine Kinder, das betrifft auch die Tantiemen von den Liedern, die all die Jahre sehr viel mehr als die Bücher eingebracht haben.

Fürnberg war nie ein großer Sparer. Es gab nur ein paar tausend Mark Rücklagen, aber ich hatte keinen Tag Sorgen. Mein Leben lang sollte ich in einer kleinen Wohnung im Haus wohnen und im Archiv arbeiten können. Was ich brauche, würde mir zur Verfügung gestellt werden. Fürnberg war tot, aber ich wußte, daß ich mich bis an mein Lebensende mit seinem Werk beschäftigen konnte. Ich kann mir nicht vorstellen, wie mein Leben in den über dreißig Jahren ohne diese Arbeit gewesen wäre.

Ich war sechsundvierzig Jahre alt, als Fürnberg starb. Damals wollte ich schnell alt werden und keine Gefühle mehr haben, die mich ans Jungsein hätten binden können. Niemand sollte mir noch einmal nahekommen. Obwohl ich mich oft einsam fühlte, habe ich mir doch nie gewünscht, daß ein anderer Mann seinen Platz einnehmen würde. Die Zeit, die ich mit ihm verbracht habe, war ein Geschenk des Schicksals. Ich bin mir dessen immer bewußt gewesen. Jetzt war es vorüber. Meine Kinder holten mich wieder ins Leben zurück. Aber es ist schwer, sich damit abzufinden, daß ein Mensch mit achtundvierzig Jahren in dem Augenblick stirbt, in dem er beginnt, ohne Sorgen zu leben. Ich habe mich in die Arbeit geflüchtet, aber auch da konnte ich dem Gedanken an diesen plötzlichen Tod nicht entrinnen. Überall war er in den unvermittelten Brüchen spürbar, in all dem, was Fürnberg begonnen hatte und nicht beenden konnte. Die vielen Fragmente quälen mich. Er hatte an sehr verschiedenen Sachen gearbeitet, und immer kam ich an eine Stelle, wo es nicht weiterging. So erlebe ich dieses abrupte Ende immer wieder von neuem. Meine Trauer über seinen Tod war eine wütende Trauer. Ich dachte, es ist ein Irrtum, und habe mich gegen dieses Ausgelöschtsein aufgelehnt. An eine Existenz jenseits der Materie kann ich nicht glauben. Die Trennung von dem Menschen war eine endgültige, die sich nur in dem, was er hinterließ, aufhob.

Wenn ich keine Angst vor dem Dreizehnten gehabt hätte, hätte Fürnberg vielleicht länger leben können. Nie wieder hätte ich seine Manuskripte verbrannt, aber dieses Leben hätte ich mit ihm immer wieder gelebt. Jetzt halte ich ihn für mich und die anderen durch die Arbeit an seinem Werk am Leben. Wir hatten die Möglichkeit, alles zu veröffentlichen. Zuerst erschien die große Gesamtausgabe, die von Gerhard Wolf mitherausgegeben wurde. Dann folgten die vielen Einzelausgaben der Gedichte und Novellen, wie der Mozart-Novelle, die immer wieder aufgelegt wurde und zu der Hans Mayer, mit dem Fürnberg vierhändig Klavier gespielt hatte, ein Vorwort geschrieben hat. Zuletzt stellten wir die zwei Briefbände zusammen, die auch ein Dokument der vielen Freundschaften sind, die Fürnberg und mich durchs Leben begleiteten. Einmal, das muß ich gestehen, haben wir, bei der ersten Ausgabe des Gedichtzyklus »El Shatt« mit Zeichnungen von Lea Grundig, eine Korrektur vorgenommen. An einer Stelle kam der Name Tito vor, der damals nicht genannt werden durfte. So haben wir ihn ersetzt. In der späteren Gesamtausgabe wird Tito wieder genannt. Es ist schlimm, aber wir haben es getan.

Die Arbeit an Fürnbergs Werk wurde mein Beruf. Sie gab meinem Leben einen Sinn, sie war die Stütze, mit der ich durchs Leben gegangen bin. Ich habe Augenblicke des Glücks erlebt, wenn ich etwas fand, was ich noch nicht kannte oder von dem ich dachte, daß es nicht mehr existiert. Fürnberg hatte einen autobiographischen Roman »Der Urlaub« geschrieben, in dem er den Aufenthalt in Lugano bei einem Maler und ein Liebeserlebnis beschreibt. Der Tod der Geliebten bringt ihn zum Leben zurück. Jahrzehnte später begegnete mir der Lektor eines Verlages aus dem Westen, der ein Gedicht von Fürnberg zitierte, das ich noch nie gehört hatte. Dieses Gedicht, sagte er, stamme aus einem Brief, den Fürnberg 1935 an diesen Maler geschrieben hatte. Er hatte Fürnberg gezeichnet. Von seiner Schwester und Nachlaßverwalterin bekam ich eine Kopie dieser Zeichnung und Kopien der Briefe, die wir noch in die Briefausgabe aufnehmen konnten.

Jetzt habe ich mit der letzten Arbeit begonnen, die ich noch für Fürnberg tun möchte: Ich transkribiere seine Tagebücher, die ich zum erstenmal nach seinem Tod las. Er hat sehr unregelmäßig und in großen Abständen Diarien geschrieben, die ich zunächst von der Handschrift auf Maschine übertrage und mit erklärenden Notizen versehe, was z.B. die vorkommenden Namen betrifft. Diese Arbeit wird mich in der nächsten Zeit beschäftigen. Ich muß mich beeilen, denn ich spüre, wie meine Kräfte nachlassen und es mir jetzt schwerer fällt, ganz genau zu sein. In den Tagebüchern begegne ich ihm noch einmal auf eine neue Weise. Noch einmal erfahre ich, wie sehr er in der Zeit der stalinistischen Säuberungen gelitten hat. Ich sehe dies jetzt noch deutlicher als damals, und ich begreife auch, daß er mich mit vielem, was ihn quälte, nicht belasten wollte. Ich hatte keine Angst, die Tagebücher zu lesen, denn ich war sicher, daß nichts Fremdes darin sein würde.

Ich habe immer gehofft, ich würde wenigstens von ihm träumen. Aber es geschah sehr selten und wenn, dann war es immer ein und derselbe schreckliche Traum: Er sagte, er liebe mich nicht mehr und ging fort. Er betrog mich nicht, er sagte nur: Es ist keine Liebe mehr da. Beim Aufwachen, noch halb im Schlaf, versuchte ich, den Traum weiterzuträumen, damit Fürnberg wieder zu mir zurückkomme. Aber es ist mir nie gelungen. Nie habe ich geträumt, wie es wirklich war. Nie gab es einen Schatten von Zweifel zwischen uns, solange er lebte. Aber nach seinem Tod träume ich, daß er mich verläßt.

Ich bin allein alt geworden. Weimar ist der Ort, an dem ich am längsten gelebt habe. Ich liebe die hügelige Landschaft Thüringens und fühle mich hier zu Hause, eingebettet in den Rahmen, in dem meine Arbeit unterstützt wurde, wie es an keinem anderen Ort möglich gewesen wäre. Manchmal fehlt mir der alltägliche Kontakt zu den Menschen, wie es in Prag in den Caféhäusern war, wo man sich trifft, ohne sich zu verabreden. So etwas gibt es hier nicht. Die Menschen scheinen es nicht zu brauchen, aber wenn man alt ist, wird es besonders wichtig. Ich fahre zwar jedes Jahr nach Prag und besuche alte Freunde, aber die Gefährten meines Lebens sind wenige geworden. Früher mußte ich einen genauen Plan machen, um alle zu besuchen und niemanden zu vergessen. Jetzt bin ich sehr schnell damit fertig. So werde ich dort, wo ich herkomme, immer fremder und fühle mich, wie es Fürnberg einmal gesagt hat, fremd in der Heimat und heimatlich in der Fremde.

Niemals habe ich gedacht, daß ich das alles noch erleben muß. Schon lange habe ich kein Buch mehr gelesen, nur noch Zeitungen, weil ich fürchte, etwas zu verpassen im rasenden Wechsel der Ereignisse. Es ist eine schwere Last, die Enttäuschung auszuhalten, die mit jedem Tag tiefer wird. Noch einmal Enthüllungen, noch einmal Verbrechen und Versagen – doch diesmal bin ich allein, und die Chance für einen Neubeginn ist für die Zeit, die mir noch bleibt, vertan. Noch einmal auch stellt sich die Frage nach den eigenen Versäumnissen. Habe ich das, was ich nicht wußte, nicht wissen wollen, weil die Furcht dahintersteckte, einer Idee, von der ich überzeugt war und bin, Schaden zuzufügen? Wo war die Grenze meiner Loyalität? Oft, wenn ich in Gedanken das Gespräch mit Fürnberg suche, finde ich mich wieder in seinen Fragen, mit denen er sich 1955 in seiner »Krankengeschichte« Rechenschaft ablegte – Fragen nach einer grundsätzlichen Erneuerung, auf die er Antworten in der Auseinandersetzung mit der Theorie fand.

Vieles habe ich für verbesserungswürdig gehalten, aber nicht für verbrecherisch. Als ich zu Beginn zu den Demonstrationen ging, habe ich gehofft, wir könnten es schaffen, daß etwas bliebe. Es wird eine Erneuerung, eine innere Reinigung geben, dachte ich, die alten Männer, die sich an ihre Posten klammern und nur noch fähig sind, sich feiern zu lassen, werden gehen müssen, was sie schon längst hätten tun sollen. Aber es war ja nicht nur deren Unfähigkeit, die uns in diese Lage gebracht hat, es waren auch strukturelle Probleme, Bedingungen aus stalinistischer Zeit, die eine Veränderung behinderten. Es gab keine innerparteiliche Demokratie, und irgendwann haben wir den Anschluß verpaßt, als es notwendig wurde, einen anderen Weg zu gehen. Wir würden, dachte ich, das, was wir versäumt haben, aufholen können und uns dem öffnen, was die Zeit verlangt. Was gestern richtig war, muß es heute nicht sein. Wir müssen den Marxismus als lebendige Theorie begreifen und nicht an eingefrorenen Thesen festhalten. Die Medien müssen endlich Stellung beziehen und nicht mehr jubeln, wo es nichts zu jubeln gibt. Wir haben doch viel erreicht, worauf wir aufbauen können. Aber es war eine Entfremdung entstanden zwischen dem, wofür wir einmal angetreten sind, und dem, was daraus geworden war. Sie kann nur überbrückt werden, wenn wir die Jugend nicht mehr abspeisen mit längst überholten ideologischen Phrasen, mit denen sie sich nicht identifizieren können. Wenn wir uns aus der Stagnation und der Erstarrung lösten und es uns gelänge, uns auf die Kraft zu besinnen, die uns einmal den Weg gewiesen hat, dann – so dachte ich – müßten wir es doch schaffen können, daß dieses Land überlebt. Wenn man für etwas kämpft, hat man eine andere Identität. Man kann kein Feuer entzünden, wenn man selber nicht brennt. Es hat nie eine Revolution in der DDR gegeben, es gab einzelne Befreiungen, aber es wurde im Großen nichts erkämpft. Es wurde umgewandelt. Vielleicht ist es das, was gefehlt hat. In diesen ersten Tagen im November 1989 habe ich gedacht, es ist noch nicht zu spät, es geht noch um etwas anderes. Es geht um die Sinnfrage, die tiefer reicht als das, was der Westen verspricht und doch nicht halten kann.

Aber sehr bald spürte ich, wie sich die Stimmung veränderte, und es begann, mir angst zu machen. Als »das Volk« sich in »ein Volk« verwandelte, ging ich nicht mehr zu den Demonstrationen. Was daraus geworden ist, habe ich nicht gewollt. Großdeutschland ist für mich in Auschwitz gestorben. Ich bin keine Tschechoslowakin mehr, und als Großdeutsche werde ich mich nie fühlen können. Gegen Ende meines Lebens bleibe ich heimatlos. Was Kapitalismus ist, wußte ich. Ich kannte beide Seiten, die sonnige und die schattige. Die eine hat meinem Leben keinen Sinn gegeben, und die andere hat mir keine Ruhe gelassen. Vom Kapitalismus hatte ich mich bewußt abgewandt, und nun habe ich ihn wieder in seiner schlimmsten Form.

Jetzt wird alles zerschlagen, auch das, was sich bewährt hat. Was meinem Leben die Richtung gegeben hat, ist Vergangenheit. Die Hoffnung, die ich in Gorbatschow gesetzt habe, war eine Illusion. Aus dem Aufbruch ist keine Erneuerung geworden. An die Stelle der alten erstarrten Werte sind keine neuen getreten. Aber ich bin der festen Überzeugung, daß dies nicht für immer so bleiben wird. Ich werde es nicht mehr erleben, aber die Menschheit wird ohne den sozialistischen Gedanken nicht auskommen. Früher oder später werden sich die Gesellschaftsordnungen ändern müssen, denn es kann auf die Dauer nicht so weitergehen, daß ein immer größer werdender Teil der Menschen nicht mehr gebraucht wird. Die kapitalistische Gesellschaft hat keine Lösung gefunden für Armut, Krieg, Vernichtung und Zerstörung der Natur. Natürlich haben auch wir unsere eigenen Irrwege und Entgleisungen zu spät erkannt. Außer bei der Bodenreform, der Verstaatlichung der Betriebe und der sozialen Sicherheit haben wir uns weit vom ursprünglichen Gedanken entfernt. Es war kein Sozialismus, was praktiziert wurde, denn in seinen Grundprinzipien ist er eine tief menschliche Sache. Der Sozialismus war kein Experiment, das fehlgeschlagen ist. Wir haben eine Niederlage erlitten, der wir ins Auge blicken müssen. Vielleicht ist es an der Zeit, sich von den Vorstellungen lokaler Umwälzungen zu lösen. Vielleicht müssen wir beginnen, in größeren Zusammenhängen zu denken und mit unendlich viel mehr Geduld in einem anderen Zeitmaß an einer besseren Welt arbeiten. Was bleibt mir noch zu tun?

Aus der Partei bin ich nicht ausgetreten. Es war eine Entscheidung, die ich vor fast sechs Jahrzehnten gefällt habe und die ich jetzt nicht aufkündigen werde. Es gibt eine Treue zur Sache, mit der ich mein Leben zu Ende bringen werde, auch wenn ich begreife, daß in ihrem Namen immer wieder Verbrechen begangen wurden. So werde ich mit den Möglichkeiten, die ich noch habe, daran mitarbeiten, mich mit der Vergangenheit auseinanderzusetzen und die Fragen nach den Ursachen unserer Niederlage zu stellen. Ich will tun, was ich noch tun kann, und ich muß tun, was ich vor mir verantworten kann. Bestehen bleibt, wofür ich gelebt habe und was mich über den Tod hinaus mit Fürnberg und mit der Zukunft verbindet. Wenn ich den Gedanken daran aufgeben müßte, hätte ich umsonst gelebt. Immer noch habe ich ein »Ziel vor den Augen«, wie es Fürnberg als junger Mensch geschrieben und gesungen hat. »Gib acht«, hatte er später gesagt, »daß wir nie einen abwesenden Blick bekommen, wenn Menschen mit uns reden, weil dies ein Zeichen dafür ist, daß wir nicht mehr wissen, wofür wir angetreten sind.« Fürnberg war ein Mensch, der aus Güte Kommunist geworden ist. Immer hat ihn der menschliche Aspekt der sozialistischen Idee und deren menschliche Möglichkeiten fasziniert. Daran halte ich mich und daraus ziehe ich meinen Lebensmut. So habe ich immer noch Hoffnung und bin innerlich bereit für einen Neubeginn, auch wenn er außerhalb meiner Zeit liegen wird.

Den Weg, den ich gegangen bin, würde ich wieder gehen. Ich habe an Ungerechtigkeit gelitten, an dem Gegensatz zwischen Armut und Reichtum, zwischen Elend und Luxus. Ich habe schwere Zeiten erlebt, aber auch großes Glück. Ich konnte ohne Einschränkung die Arbeit tun, die mir am Herzen lag. Das Glück, das mich heute trägt, sind meine Kinder und Enkelkinder. Dafür bin ich unendlich dankbar. Ich habe Freunde, die zu mir stehen, und es sind jetzt, in einer Zeit, in der sich alles wendet, neue, viele jüngere dazugekommen. Ich bin nicht allein.

Die Arbeit an den Tagebüchern von Fürnberg möchte ich beenden, auch wenn sie jetzt nicht mehr veröffentlicht werden wird. Aber eines Tages, dessen bin ich gewiß, werden seine Werke wieder entdeckt werden. Es gibt Zeichen dafür, wenige noch, aber vernehmbar.

Alles, was einmal galt, gilt nicht mehr. Aber es ist nicht das Ende. Ohne Utopie kann ich nicht leben. Ich habe immer gewußt, worauf ich mich eingelassen habe, und der Preis war mir nicht zu hoch.

Die Eltern:
Annie Wertheimer, geb.
Pfefferkorn, und
Hugo Wertheimer, 1910

Die Großmutter,
Lina Pfefferkorn,
Trautenau 1932

Der Großvater,
Josef Pfefferkorn,
Prag 1940

Lotte Fürnberg
als junges Mädchen

1937

Mit dem Vater,
Hugo Wertheimer,
in Karlsbad,
Juli 1937

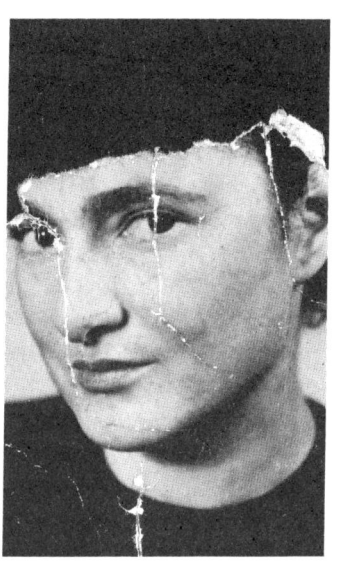

Lotte Fürnberg, 1937.
Das Foto, das Louis Fürnberg
im Gefängnis in seiner
Hutkrempe verborgen hatte.

Lotte und
Louis Fürnberg in
Jerusalem

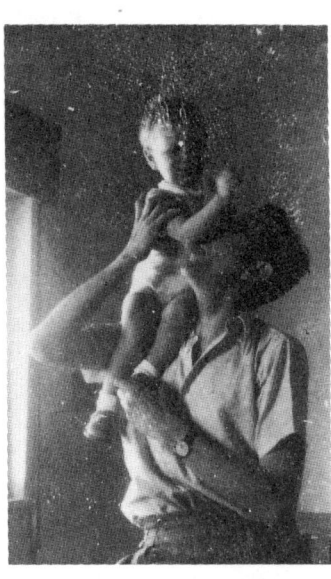

Louis Fürnberg mit
Sohn Miša,
Jerusalem 1942

Lager El Shatt,
Wüste Sinai, 1946
El Shatt, 1946.
Jugoslawische Lagerinsassen,
die zur Heim-
reise an Bord gehen.

Alena und Louis Fürnberg,
Sellin (Rügen) 1952

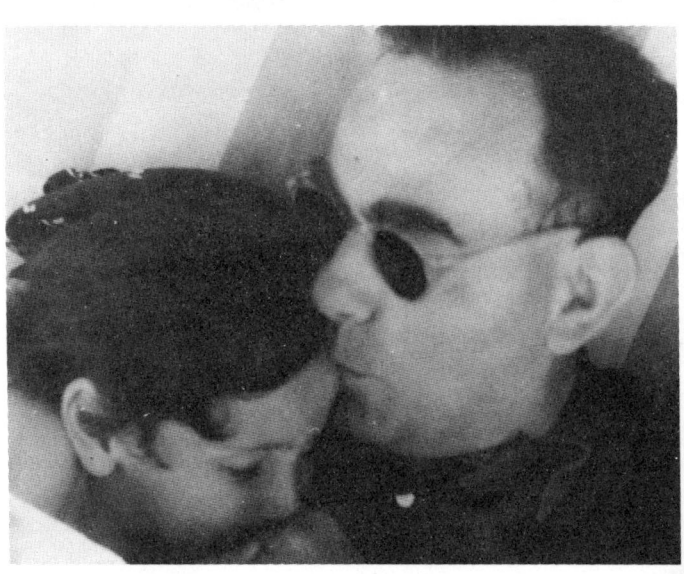

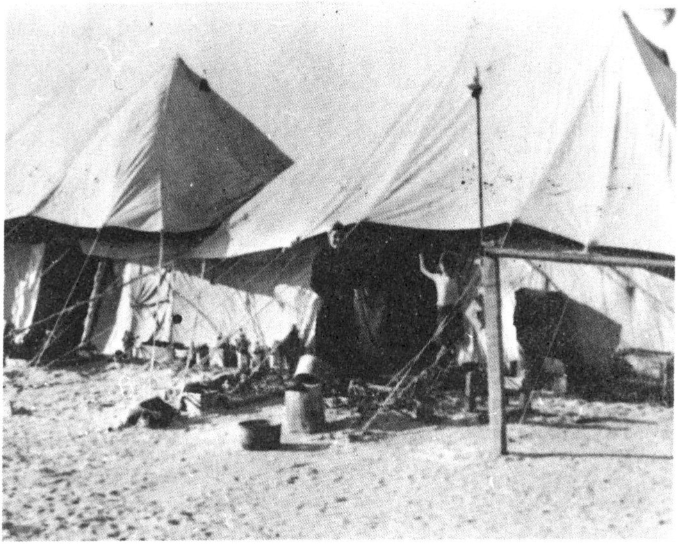

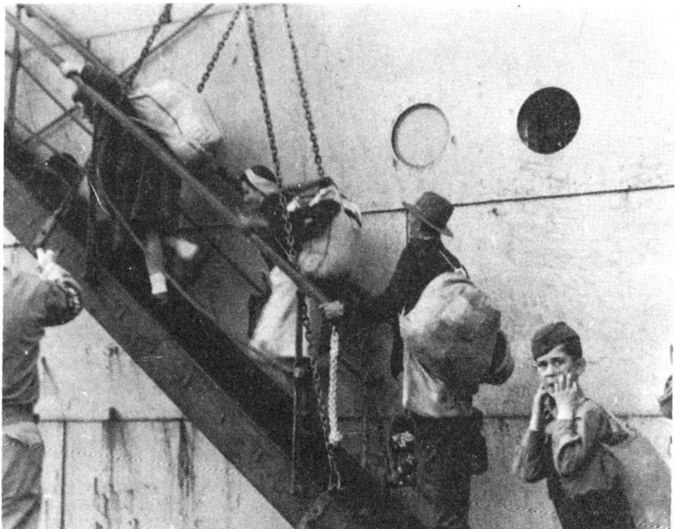

Louis Fürnberg, Jerusalem 1944

Weimar, Rainer-Maria-Rilke-Str. 17, heute: Louis-Fürnberg-Archiv

Lotte und
Louis Fürnberg
in Weimar,
Park Belvedere,
Mai 1957

*»Jetzt werde ich dieses Haus nicht mehr verlassen, nicht mehr diesen Garten«*
Monica Huchel

*I*ch erlebe etwas, was ich noch nie erlebt habe. Die vollkommene Sinnlosigkeit. Ich weiß, daß ich es bin, um die ich klage. Meinen Sohn hole ich damit nicht ins Leben zurück. Ich klage, weil ich nicht weiß, was ich tun soll.

Immer bin ich am Neumagen entlang gegangen. Es ist der kürzeste Weg in den Ort. Früher brauchte ich eine Viertelstunde. Jetzt laufe ich doppelt so lang. Es ist, als ob ich schleiche. Ich gehe den Bach entlang, dann biege ich um die Ecke, wo es die schönen Gärten gibt. Wenn ich früher nach Hause zurückkam, haben wir über die Pfingstrosen gesprochen, die ersten Herbstzeitlosen und über die Wasseramseln. Jetzt gehe ich wie betäubt und merke, daß ich die Gärten nur sehe, sie aber nicht meine, und alles erfüllt mich mit Schmerz. Es ist, als ob ich mir etwas vormache, wenn ich sie schön finde. Es ist, als ob ich den Tod meines Sohnes für Augenblicke ungeschehen machen könnte, wenn ich mir vorstelle, was ich ihm alles erzählt und was er mir geantwortet hätte.

Überall stoße ich an das Leben, das wir gemeinsam gelebt haben. Alles erinnert mich, und immer dauert es Stunden, bis ich zu mir zurückfinden kann. Ich habe keine Form für diese Trauer. Ich gehe nicht zu seinem Grab, weil es so endgültig ist. In mir ist nur ein Aufschrei und die quälende Frage, warum dieser Mensch in der Mitte seines Lebens sterben mußte. Stunden um Stunden denke ich mich durch diesen Tag vor zwei Wochen. Ich habe es nicht begriffen, als er zusammengekauert auf der Erde lag. Ich habe nicht verstanden, daß das das Ende war.

Ich weiß nicht, ob ich sterben will, ich möchte nur, daß es nicht so ist, wie es ist. Ich möchte, daß ich davon erlöst werde. Auf nichts kann ich mich konzentrieren; nichts gibt es, was mich interessiert. Ständig schaue ich auf die Uhr, und es ist noch lange nicht Nacht. Noch nie habe ich eine solche Ödnis um mich herum gefühlt. Rastlos laufe ich im Haus herum, lese die Zeitung und merke, daß ich nicht weiß, was ich lese, gehe in den Garten, schaue nach den Katzen, reiße Unkraut heraus, gehe zurück ins Haus, nehme wieder die Zeitung. Ich finde keine Ruhe, und ich laufe davon vor den Fragen über diesen Tod. Die Stunden des Tages sind endlos. Nur jetzt, im Gespräch, vergehen sie leichter. Es ist schön, sich zu erinnern, und manchmal reichen die Gedanken daran bis in den Abend hinein.

Wo die eigenen Bilder beginnen, weiß ich nicht. Ich sehe mich mit vier Jahren bei meinen Großeltern. Später, in den Schulferien, setzte mich meine Mutter mit einem Zettel um den Hals in den Zug. Am Gartentor, das zum Haus meiner Großeltern führte, standen zu beiden Seiten zwei Goldregenbüsche, die sich in der Mitte trafen. Ich habe versucht, hier vor meinem kleinen Haus dieses Goldregentor aus zwei Büschen nachzupflanzen, aber es wird noch lange dauern, bis sie sich treffen.

Das Haus meiner Großeltern hatte zwei Eingänge, den Lieferanten- und den Prunkeingang, zu dem der Goldregen führte und den ich nicht benutzen durfte. Zu Ostern schenkten mir meine Großeltern ein Lämmchen, das ich vor einen Wagen spannte. Ich hatte eine Freundin aus dem Armenhaus, der ich Kleider aus Kreppapier nähte. Dann setzte ich sie in den Wagen, und das Lämmchen mußte sie durch den Garten ziehen.

Meine Mutter war Lehrerin, mein Vater Lehrer. Ich wurde 1914 in Essen geboren. Mein Vater ging wenige

Tage später freiwillig in den Krieg. Es war Ende Juli, und er fiel zwei Monate später mit sechsundzwanzig Jahren in Frankreich. Meiner Mutter versiegte die Milch, ich wurde schwerkrank und mußte notgetauft werden. Danach erklärte der Priester, dies sei die Strafe dafür, daß meine Mutter einen protestantischen Mann geheiratet habe. Als Kind war ich gerne katholisch, und es gefiel mir, jeder Nonne auf der Straße die Hand zu küssen. Aber meine Mutter wollte fortan nie wieder etwas mit der Kirche zu tun haben. Als wir nach Düsseldorf zogen, gründete sie dort die erste konfessionslose Schule und veranstaltete Jugendweihen. Ich las mit sechzehn Jahren Lessings Aphorismen – »Warum habe ich keine Religion? Eben aus Religion« – und fühlte mich darin bestätigt.

Meine Mutter war in den ersten beiden Schuljahren meine Lehrerin, und wir gingen zusammen in die Schule. Eines Morgens hatte ich meinen Ranzen vergessen. Meine Mutter sagte nichts, als ich neben ihr lief. Aber in der Klasse, als es hieß: »Hefte raus«, wurde ich bitter bestraft.

Wir hatten eine Haushälterin, die mir um fünf Uhr den Schlüssel um den Hals hängte und nach Hause ging. Dann spielte ich auf der Straße mit den Jungen Fußball. Ich wuchs ziemlich frei und ungebunden auf, aber es war keine schöne Kindheit. Es gab wenige Menschen, mit denen ich reden konnte, außer mit meinen Fußballfreunden und mit dem kleinen jüdischen Mädchen Hilde Blumenthal, das im Nachbarhaus wohnte. In der Inflationszeit bekam ich mein erstes Fahrrad für mehrere Billionen und mußte sehr darauf aufpassen. Später hatte meine Mutter eine Schülerin, die Rosa Wölki hieß. Rosa Wölki hatte einen arbeitslosen Vater und zwei arbeitslose Brüder. Sie nahm mich manchmal mit nach Hause, und es gab dort Margarinebrote, was mich ebenso magisch anzog wie das Armenhaus meiner Freundin, mit der ich im Garten meiner Großeltern gespielt hatte. Meine Mutter nahm Rosa Wölki zu uns und ermöglichte ihr, zwei Jahre auf die Handelsschule zu gehen. Sie kam aus einer streng kommunistischen Familie. Später arbeitete sie bei Henkel als Sekretärin und gehörte einer Widerstandsgruppe an. Als sie verhaftet werden sollte, stürzte sich Rosa Wölki aus dem sechsten Stock.

Meine Mutter trat sehr früh in die SPD ein und arbeitete für kurze Zeit als Kulturreferentin im Landtag. Ich glaube, sie versuchte durch all die Arbeit, meinen Vater zu vergessen, denn sie trauerte jahrelang und ging meist in Schwarz. Sie hat mir nie von ihm erzählt. Ich mußte mir selber ein Bild machen und tat es durch die Bücher, die ich in seinem Bücherschrank fand. Es waren Bücher norwegischer Autoren dabei, in denen es um Inzest ging, worunter ich mir nichts vorstellen konnte. Ich fand Schriften von Nietzsche und Schopenhauer, die mein Vater mit Randnotizen versehen hatte, und Gedichte von Heine, von denen ich mir die schönsten in ein kleines Heft schrieb. Ich begann sehr viel zu lesen. Gide holte ich mir aus der Leihbücherei. Storm bekam ich geschenkt. Zu Weihnachten sagte ich ein Gedicht auf: »Über der Hütte in dunkler Nacht, der rote Stern ist angefacht«, was meine Großeltern versteinern ließ. Ich las Rilke, »Malte Laurids Brigge«, und »Niels Lyhne« von Jens Peter Jacobsen. Ich habe immer gelesen, in der Schule unter dem Pult, im Gehen, überall. Alles, was ich in die Hände bekam, habe ich verschlungen. Als kleines Mädchen hatte ich die Märchen von Oscar Wilde gelesen, später dann den »Dorian Gray«, der mich so faszinierte, daß ich mich immer wieder und noch einmal vor zwei Jahren intensiv mit Oscar Wilde beschäftigte und die »Trials« im Original zu lesen begann.

Meine Mutter war eine verschlossene Frau. Es gab eine politisch-gesellschaftliche Ebene, auf der wir uns verstanden, aber sie war keine zärtliche Mutter. Durch mich wurde sie immer an den Tod meines Vaters erinnert. Immer, wenn etwas mißlang, hing es auf irgendeine Weise mit mir zusammen. Dann sank sie auf ihr Bett und verstummte, und ich hatte Angst, daß sie sterben würde. Als ich dreizehn wurde, hatte sie einen Liebhaber, den ich einmal auf dem Flur traf, als ich nicht schlafen konnte. Er war Architekt, der Vater eines ihrer Schüler. Ich habe sie nie danach gefragt.

Die Menschen, die meine Mutter in meiner Kindheit und Jugend kannte, hatten meist irgend etwas mit Kunst oder Literatur zu tun. Sie war Mitglied des Kunstvereins und fuhr von Düsseldorf aus zweimal in der Woche nach Essen in die Folkwang-Schule zu einem George-Kreis. Ich konnte mit Stefan George nichts anfangen, aber eine seiner Zeilen hat sich mir seltsam eingeprägt: »die herden trabten aus den winterlagern...«. Später stellte ich fest, daß diese Zeile aus einem sehr schönen Gedicht stammt.

Als ich sechzehn wurde, traf meine Mutter einen Korvettenkapitän, der nicht darüber hinwegkam, daß ihm die Roten 1919 in Kiel die Epauletten von den Schultern gerissen hatten. Die Beziehung zwischen ihm und mir fand ein jähes Ende, als ich Klavier übte. Vom Nebenzimmer schrie er: »Falsch!« Ich wiederholte den Takt. Wieder schrie er: »Falsch!« Ich wiederholte den Takt noch einmal, und diesmal kam er und schlug mir ins Gesicht. Meine Mutter heiratete ihn, obwohl er deutschnational war. Aber als alle Hindenburg wählten, wählte sie Otto Braun.

Ich zog mich aus dem familiären Leben zurück und lernte mit achtzehn Jahren auf einer Vernissage meinen ersten richtigen Freund Paul Fischer kennen. Er brachte mich zur Straßenbahn und verabschiedete sich, weil er, der aus einem großbürgerlichen Elternhaus kam, »Order« hatte, pünktlich zum Essen zu erscheinen. Es hatte vorher schon einen Jungen mit Schülermütze gegeben, der mich geküßt und mir Gedichte geschrieben hatte, aber Paul Fischer wurde meine erste Liebe. Er las mir Kästner vor, »...und unsere Seelen sitzen wie auf Stühlen und seh'n der Liebe zu...«. Das hat mich sehr beeindruckt, dieses Danebensitzen und Zuschauen. Paul Fischer war Referendar bei einem linken Anwalt, der in den Prozessen, die damals begannen, Kommunisten verteidigte. Er nahm mich mit zu einem Kreis seiner Freunde, die alle wesentlich älter als ich waren – Wolfgang Langhoff, seine Frau Renate Langhoff, die Schauspielerin Ehmi Bessel, der Anwalt Marcel Frenkel und Jo Höber. Wir lasen das Kommunistische Manifest und gaben dem »Anstreicher« höchstens ein halbes Jahr. Damals gab es für mich gar nichts anderes, als auf irgendeine Weise Kommunistin zu sein und mich für die Sowjetunion zu begeistern. In den Reisebüros sah man noch Bilder von Leningrad und konnte Broschüren über das Schul- und Erziehungswesen kaufen. Ich hatte schon früher Makarenkos »Weg ins Leben« gelesen und das »Tagebuch des Schülers Kostja Rjabzew« und »Kostja Rjabzew auf der Universität« von Nikolai Ognjew. Das waren exemplarische Geschichten, in die ein paar Probleme eingebaut waren, die exemplarisch gelöst wurden. Heute kommt das einem sehr komisch vor, aber damals beschrieb es eine andere Welt. Der sowjetische Arbeiter- und Bauernstaat war eine Utopie, die uns als die einzige Alternative zum Nationalsozialismus erschien.

Im Frühjahr 1934 hatte ich gerade den ersten Teil des Abiturs hinter mich gebracht. Ich hatte eine Arbeit über Fragonard geschrieben, auf die ich sehr stolz war. Bei einer Schulfeier wurde nach dem Deutschlandlied zum ersten Mal das Horst-Wessel-Lied gesungen. Alle standen und sangen. Ich setzte mich und sang nicht. Als das Lied beendet war, holte man mich aus der Aula, und der Direktor teilte mir mit, daß ich die Schule zu verlassen habe. Nach einer mißlungenen Intervention meines Stiefvaters kam ich in ein Diakonisseninternat in Kaiserswerth, um das Abitur fertig zu machen. Abends ging eine Schwester durch den Schlafsaal und sagte: »Über Ediths Bett hängt das Bild unseres geliebten Führers, über Gertruds Bett hängt das Bild unseres geliebten Führers, und was hängt bei Ihnen?« Bei mir hing nichts. Nachts rutschte ich an der Regenrinne herunter, um mich mit Paul Fischer zu treffen. Wir sollten einen Aufsatz über Johsts Stück »Schlageter« schreiben und der Anschaulichkeit halber zu der Stelle gehen, wo Schlageter einen Zug gesprengt hatte. Ich ging nicht zu dieser Stelle und schrieb auch keinen Aufsatz. Die Diakonissen sperrten mich eine Woche in eine Zelle, in die das Essen und ein Kübel hineingeschoben wurden. Als die Woche vorüber war, durfte ich meine Mutter besuchen, und ich schlich heimlich aus der Wohnung auf ein Fest im »Hungerturm«, wo ich meine zweite Liebe, den Maler Hansi Etz, traf.

Im »Hungerturm« lebten Maler in großen Ateliers. Auf dem Flur gab es Wasserhähne und auf jeder Etage eine

Toilette. Ich kehrte nicht mehr ins Internat nach Kaiserswerth zurück. Nachts holte ich mir mein Fahrrad. Eine Freundin meiner Mutter sah mich auf der Straße und versuchte, mich nach Hause zu holen. Aber ich blieb bei Hansi Etz. Ich hatte nur das, was ich am Leibe trug. So ein Leben wäre mit Paul Fischer nicht möglich gewesen, der »Order« hatte und zum Essen an die Rheinpromenade mußte und von Angst geschüttelt war, daß jemand ins Zimmer kommen könnte, wenn wir uns heimlich liebten. Hansi Etz allerdings war liiert mit Miriam Kaufmann, der Tochter des Portraitisten Arthur Kaufmann, der später Adenauer malte. Die Kaufmanns hatten rechtzeitig beschlossen, nach Argentinien auszuwandern, und es war klar, daß Hansi Etz mitgehen würde. So war das Ende schon im Anfang einbeschlossen.

Die Liebe mit Hansi Etz mag ein halbes Jahr gedauert haben, aber im Rückblick scheint mir die Zeit unendlich lang, weil so vieles sehr Unterschiedliches und sehr Einschneidendes geschah. Ich geriet von einem Extrem ins andere, von der äußersten Reglementierung in die völlige Freiheit. Bis dahin hatte ich ja in mehr oder weniger behüteten bürgerlichen Verhältnissen gelebt. Jetzt brauchte ich Geld zum Leben. Ich zog zu meiner Freundin Heidi Ebert und verkaufte Staubsauger von Haus zu Haus. Ich verdiente nicht viel dabei, aber ich brauchte ja auch nur wenig. Danach versuchte ich mich eine Weile als Kindermädchen, aber alles nahm ein abruptes Ende, als ich krank wurde und mit einer Nierenbeckenentzündung in das jüdische Krankenhaus eingeliefert wurde, das es in der Nähe noch gab. Es war Ende 1934. Nach drei Tagen stand meine Mutter am Bett und sagte, es sei alles vergeben und vergessen, ich solle nach Hause kommen; Abitur hätte ich ja nun nicht, ein Beruf müsse aber sein, und was ich denn von Krankenschwester hielte. Ich ließ mich schließlich überreden, in einer Frauenklinik als Schwesternschülerin anzufangen. Vielleicht hatte ich genug von dem freien Leben, vielleicht auch war ich beeindruckt, daß sich meine Mutter um mich kümmerte. Hansi Etz war auf dem Weg nach Argentinien, und ich geriet von der extremen Freiheit wieder in eine extreme Bindung. Während der Woche lebte und arbeitete ich im Krankenhaus, am Wochenende ging ich nach Hause. Mein Stiefvater hatte ein Auto gekauft; ich machte den Führerschein und durfte manchmal sonntags darin herumfahren. Ich war eine Mischung aus Rebellion und Pflichtgefühl. Drei Jahre lang machte ich meine Ausbildung und unterwarf mich allen Regeln, die es gab. Wenn ich Ausgang hatte, meldete ich mich bei der Schwester Oberin ab. Wir schliefen zu sechst in einem Zimmer. Es war wie in Kaiserswerth – aber ohne Führerbild. Ich hatte den Beruf nicht frei gewählt, aber er machte mir Spaß. Ich arbeitete mich durch alle Stationen und konnte zwischen Tag- und Nachtdienst wählen. Was mir wichtig war, konnte ich mir erfüllen – und ich traf wieder auf Paul Fischer. Wir machten zusammen Ferien, es war eine wunderschöne Zeit, bis er nach Leipzig versetzt wurde. Ich war zu ihm zurückgekehrt und dachte, wir würden zusammenbleiben. Mit ihm hatte ich wieder Anschluß an die Welt gefunden, in die er mich als Achtzehnjährige hineingeholt hatte. Es war wie ein inneres Exil, eine geistig anregende, feste Welt mit einem Mann, der im Leben stand. Dann tauchte ein Mädchen aus Leipzig auf, das seine Frau wurde, und diese Welt brach zusammen. Ich war verletzt, traurig und böse und beendete meine Ausbildung. Als 1938 die braunen Schwestern ins Krankenhaus einzogen, beschloß ich, nach Berlin zu gehen. Ich war allein und hatte einen Beruf. Ich dachte, mir kann nichts geschehen, und setzte mich im Düsseldorfer Hauptbahnhof mit fünfzig Mark in den Zug nach Berlin.

In Charlottenburg wohnte ich bei einer Frau auf dem Hängeboden. Stehen konnte ich dort oben nicht, nur liegen. Tagsüber durfte ich die ganze Wohnung benutzen. Abends stellte ich die Leiter an. Meine fünfzig Mark reichten nicht weit, und ich las die Annoncen in den Zeitungen. Bei einem Frauenarzt in der Meineckestraße fand ich eine Stelle als medizinische Assistentin. Die Bedingung war, daß ich zwei Fremdsprachen sprach. Ich konnte Englisch und Französisch und arbeitete mich zwei Wochen ohne Lohn ein. Dieser Frauenarzt besaß eine bronzene Hitlerbüste, die er bei gewissen Patienten aus dem Schrank holte und auf einen Sockel im Flur stellte. Ich verdiente einhundertfünfzig Mark. Da gab es nur zwei Möglichkeiten, gut zu essen oder sich gut anzuziehen. Ich entschied mich für das letztere und hielt mich an den Bonbonnieren schadlos, die in der Praxis herumstanden. Es begann eine zurückgezogene Zeit. Im Winter 1937/38 war es kalt auf meinem Hängeboden. Bis in den Sommer hinein war ich sehr einsam in Berlin. Dann traf ich meine Freundin Heidi Ebert aus Düsseldorf wieder, die Innenarchitektin war und gerade ihre Arbeit an den Fußböden in den Kabinen erster Klasse auf der »Bremen« beendet hatte und deshalb ein Fest gab. Auf diesem Fest lernte ich Fritz Melis kennen, der ein gutaussehender Mann mit schönen braunen Haaren war. Es ging alles sehr schnell, und ich zog zu ihm in sein Atelier.

Melis war Bildhauer, Meisterschüler von Ludwig Gies und eng mit Barlach befreundet, der in Güstrow lebte. Gies wurde als »entartet« von der Akademie der Künste ausgeschlossen, und Melis ging mit ihm. Später haben die beiden zusammen an dem Adler im Bundestag in Bonn gearbeitet. Da Melis als einem Meisterschüler ein Atelier zustand, bedeutete der Weggang von der Akademie auch, daß er sich einen neuen Raum zum Arbeiten suchen mußte. Er übernahm das Atelier von Knut Hamsuns Sohn in einem Atelierhaus in der Budapester Straße, in dem auch der Architekt Bruno Paul arbeitete. Wir lebten von zwei Aufträgen, die Melis über seinen Vater bekommen hatte, der Vertragsarchitekt bei der Post war. Er mußte die Eingänge zweier Postämter mit Tierreliefs versehen.

Im November 1938 haben wir in einem kleinen Dorf bei Berlin geheiratet, das meinen Mädchennamen trug, Rosenthal. Die Mutter meines Mannes war einer Ohnmacht nahe, als er mich das erste Mal mit nach Hause nahm. Die Schwester stichelte: »Die ist bestimmt Jüdin, schon wie sie geht...« Unsere Hochzeitsreise endete in Potsdam. Wir hatten ein Zimmer im Palasthotel gemietet. In der Nacht gab es eine Razzia. Wir hatten den Trauschein nicht dabei, und der Name Rosenthal machte mich verdächtig. Zitternd saß ich im Vestibül. Auf einmal war alles so zerrissen. Ich hatte Angst und wollte nur, daß alles so blieb, wie es war. Ich war schwanger und fühlte mich elend. Ich wollte, daß mein Leben eine feste Form bekäme, ein Zuhause mit Mann und Kind. Vielleicht war es der kurze Versuch, mir eine Geborgenheit zu schaffen, die es in meiner Kindheit nicht gegeben hatte. Als meine Tochter Eva Catharina 1939 geboren wurde, stand ich mit ihr am Fenster und dachte: Wie schön ist doch das Leben. Kurz darauf wurde mein Mann eingezogen. Gerade waren wir eine Familie geworden, und schon war alles wieder vorbei.

Das Zusammenleben mit Melis hatte ein knappes halbes Jahr gedauert. Einmal kam er auf Urlaub, und ich wollte ein zweites Kind. Dann hörte er heimlich den Britischen Sender und jemand denunzierte ihn. Man versetzte ihn in den äußersten Norden Finnlands. Irgendwo im Keller einer Charlottenburger Frauenklinik brachte ich 1940 meinen Sohn Roger zur Welt. Als ich aus der Klinik nach Hause gekommen war, klingelte es, und die Hauswartsfrau stand mit einem Mann vor der Tür: »Wir sind gekommen, Ihnen im Namen des Führers zu dem Sohn zu gratulieren, den Sie unserem Führer geschenkt haben.« Ich sagte: »Es tut mit leid, diesen Sohn habe ich vielleicht für meinen Mann, in erster Linie aber für mich und ganz bestimmt nicht für Ihren Führer geboren.« Dieses Gesindel, dachte ich, was geht die mein Sohn an und was habe ich mit dem Führer zu tun. Nie habe ich »Heil Hitler« gesagt, es gab immer Möglichkeiten, es zu vermeiden. Man konnte irgend etwas murmeln oder den Arm in der Schlinge tragen. Für Männer mag es schwieriger gewesen sein, weil von ihnen ein anderes Verhalten in der Gesellschaft erwartet wurde. Aber beide, Melis und Huchel, haben es geschafft, im Krieg niemals weiter als bis zum Obergefreiten zu kommen. Huchel hatte ziemliche Schwierigkeiten, weil er einen Offizierslehrgang nach dem anderen ablehnte.

Meine Kinder waren meine Kinder, sie wurden auch nicht die Kinder meines Mannes. Ich war immer mit ihnen allein. Ich ging mit ihnen in den Luftschutzkeller und hatte eines auf dem Arm, das andere an der Hand. Ich wollte Kinder. Ich habe sie umsorgt und gestillt, so lange es ging. Ich hatte soviel Milch, daß ich davon abgeben konnte. Manchmal bekam ich Post, aber Melis und ich entfernten uns innerlich voneinander. Wir hatten uns gegenseitig alle Freiheiten gegeben. In Berlin gab es versteckte Bars, in denen man amerikanische Musik hören konnte. Ich traf mich dort mit einem Freund, der im Stab von Generaloberst Beck war. Aus Paris brachte er mir »La vie en rose« von Edith Piaf mit. Es gab Stunden wie auf einer exotischen Insel, während sich draußen der finsterste Nazismus breitmachte und Europa allmählich in Schutt und Asche fiel.

Inzwischen hatten mir die Eltern von Melis eine Wohnung in der Dahlmannstraße besorgt. Die Menschen, die dort gewohnt hatten, hatten sich umgebracht. Auf der gleichen Etage lebte ein Schriftsteller mit seiner Frau und einer Tochter im Alter von Roger. Wir tauschten die Wohnungsschlüssel und paßten gegenseitig auf unsere Kinder auf. Der Schriftsteller, der eigentlich Erwin Gölz hieß, nannte sich Frank Maraun. Als er zur Biennale nach Venedig fuhr, lieh er sich meinen schönen Lederkoffer. Manchmal saß ein kleiner vornehmer Mann mit einer Perücke bei ihm in einem Sessel und sah aus dem Fenster. Es war Grigori Robakidse, der georgische Schriftsteller, dessen Bücher man jetzt, nach dem Hitler-Stalin-Pakt, auf einmal kaufen konnte.

Frank Maraun war eng mit Gottfried Benn befreundet und hat viel über ihn geschrieben, was man im Katalog der Ausstellung nachlesen kann, die das Literaturarchiv in Marbach vor einigen Jahren über Benn gemacht hat. Später erzählte mir Huchel, zu dem immer wieder Menschen, die er von früher kannte, in den Funk kamen und um eine Art Leumundszeugnis baten: »Heute habe ich einen »Persilschein« ausgestellt, und zum ersten Mal habe ich es gerne getan.« Es war Frank Maraun, der bei Goebbels im Reichsrundfunk gearbeitet und hin und wieder Hörspiele von Huchel, Hans Nowak und einigen anderen angenommen hatte. Die Unverfänglichen wurden auch gesendet, andere – wie das über Lincoln, der in seiner Loge erschossen worden war, was bezüglich Hitler zur Nachahmung hätte anregen können – bezahlte Maraun und legte sie in seine Schublade, wo sie blieben, bis alles vorüber war, während Huchel und seine Freunde von dem Geld lebten.

Meine Kinder wuchsen heran, und als Roger laufen lernte, wollte ich aus meiner Zurückgezogenheit heraus. Freunde hatten mir von zwangsverpflichteten französischen Arbeitern bei Siemens erzählt, denen man versprochen hatte, daß sie einen Teil ihres Lohnes über ein bestimmtes Konto nach Hause schicken könnten. Aber das Geld wurde unterschlagen und kam nie an. Es hieß: »Da muß man was tun. Du sprichst Französisch, da gehst du hin.« Ich bewarb mich bei Siemens, brachte meine Kinder in den Betriebskindergarten und fing als Packerin zwischen den Franzosen an. Der Werkmeister beschimpfte sie bei jeder Gelegenheit, und als er merkte, daß ich Französisch konnte, verlangte er, daß ich seine Beschimpfungen übersetzte. Ich gab ihnen statt dessen Tips, wie sie sich verhalten sollten, und nahm heimlich zwei Französinnen zu mir in die Wohnung. Wir kochten abwechselnd, es war eine schöne Zeit. Wenn der Werkmeister irgendwelche Spitzeleien und Denunziationen von mir verlangte, sagte ich das den Franzosen ganz offen. Das war eigentlich alles, was ich für sie tun konnte. Eines Tages stand ein Mann in Schlips und Kragen in einiger Entfernung, sah aber äußerst interessiert zu mir herüber. Da wußte ich, daß er verstanden hatte, was ich gesagt hatte. Kurz darauf wurde ich in die obere Etage gerufen. Ich sagte: »Ich komme gleich, ich muß nur noch schnell etwas aus meinem Schrank holen.« Dann rannte ich in den Kindergarten, nahm die Kinder, raste nach Hause, packte ein paar Sachen und fuhr in ein kleines Haus an die Ostsee, das ich mit Freunden gemietet hatte. Ich wußte, daß mich dort niemand suchen würde. Zum ersten Mal in meinem Leben hatte ich richtige Angst. Ich dachte: »Nur weg mit den Kindern« und blieb monatelang an der See. Einmal besuchte mich Melis in dieser Zeit, und wir fuhren zusammen nach Berlin. Die Leute von Siemens hatten mich anscheinend vergessen, niemand fragte nach mir.

Berlin wurde jetzt dauernd bombardiert. Der Familienrat beschloß, daß ich nach Landsberg an der Warthe gehen sollte, um das Haus der Urahne meiner Kinder zu hüten. Es war ein schönes, großbürgerliches Haus am Stadtgraben mit zwei Etagen. Oben wohnte ein Apothekerehepaar, die untere Etage stand leer. Ich verschloß meine Wohnung in der Dahlmannstraße und zog nach Landsberg. Von dem Geld, was mir als Frau eines Soldaten zustand, konnte ich gut leben. Manchmal kam Maraun nach Landsberg, um Benn zu besuchen, der dort als Stabsarzt stationiert war. Er kam mittags, blieb bis spät in die Nacht bei Benn, hatte einen Schlüssel für meine Wohnung, kam irgendwann zum Übernachten und fuhr in aller Frühe wieder nach Berlin. So hörte ich zum ersten Mal von Benn, dem Arzt, aber wer er als Dichter war, das wußte ich damals nicht.

Mit meinen Kindern ging ich immer ins Freibad. Ein paar Tage nach dem 20. Juli sprach mich ein Mann an, der mich wohl schon länger beobachtet hatte. Von ihm erfuhr ich, daß es ein Attentat auf Hitler gegeben hatte, denn die Nachricht war gar nicht zu mir gedrungen, weil ich kaum Kontakt zu den Menschen in Landsberg hatte. Ich besaß auch kein Radio, und ins Kino war ich nur gegangen, solange die Wochenschauen mit den Siegesmeldungen vor dem Film gezeigt wurden. Da konnte ich später kommen. Als man die Wochenschauen aber nach dem Film zu zeigen begann, verzichtete ich aufs Kino, weil es zu auffällig war, zwischendrin rauszugehen. So gingen die großen Ereignisse an mir vorüber. Eines Morgens im Januar 1945 kam ein Neffe von Melis vorbei und sagte, er habe um fünf Uhr die ersten sowjetischen Panzer einfahren sehen. In der Stadt waren sie noch nicht. Die Russen wollten irgendwo mit den Amerikanern die Front zusammenschließen. Sie brachten eine riesige Menge leicht Verletzter mit sich, nahmen die zwei Lazarette und ein Alkohollager in Besitz. Jetzt wankten russische Soldaten mit Kopf- und Armverbänden durch die Stadt. Vom Fenster aus sah ich, wie einer von ihnen eine Flasche mit Brennspiritus ansetzte und einen alten Mann, der ihn warnend an den Arm faßte, sofort erschoß.

Inzwischen war Ursula, eine Kusine meines Mannes, mit zwei Kindern zu uns gezogen. Ich ging zu einem der beiden Lazarette und bot meine Dienste als Krankenschwester an. Wochenlang zupfte ich Mull für Verbände. Dann pflegte ich einen Offizier, dessen Arme und Beine verletzt waren. Ich hatte ein Zimmer im Lazarett und mußte dort über Nacht bleiben. Ich bekam ein Stück nasses Brot und einen Napf mit Kascha, einem Weizenbrei. Davon aß ich ein kleines bißchen, dann kam Ursula ans Tor und holte Brei und Brot für die Kinder. Immer wieder wurden Frauen aus den Häusern geholt, um von den Russen requirierte Pferdetrecks nach Osten zu treiben. Ich habe nie gehört, daß eine wiedergekommen wäre. Den Chefarzt des Lazaretts brachte ich dazu, daß er mir einen Zettel schrieb, der verhinderte, daß Ursula auch Pferde nach Osten treiben mußte.

Nach den verwundeten Russen kamen die gesunden und schlugen an die Türen: »Frau komm!« Machte man nicht auf, traten sie die Tür ein. Also war es besser, gleich zu öffnen. Wir hatten zwei Türen, die große Haustür, die offen stand, und die Etagentür. Wenn geklopft wurde, schlossen wir die Etagentür auf, und während die Russen durch die Haustür kamen, sprangen wir mit den Kindern hinten aus dem Fenster. Bis die Russen an der Etagentür waren, waren wir schon im Schuppen verschwunden. Wenn sie dann wieder abzogen, hatten sie die Schränke ausgeräumt, Nudeln und Graupen durcheinandergeschmissen und gegessen, was eßbar war. Zuerst gab es noch Kohlen, und wir konnten noch ein wenig heizen. Als die Kohlen zur Neige gingen, kam eines Tages ein Deutsch sprechender Oberschullehrer aus Perm, requirierte das Haus für die Kommandantura und stellte ein Schilderhaus vor die Tür. Er verlangte nach meinem Schmuck und wickelte ihn in sein Taschentuch. Stjopka, der Oberschullehrer aus Perm, liebte mich. Wir lebten jetzt sicher in der Kommandantura. Stjopka kam mit Seife, und ich wusch seine Einknöpfkragen und seine Manschetten. Er brachte Kohlen und einen riesigen, in eine grüne Tischdecke gewickelten Klumpen Butterschmalz. Ich füllte es in kleine Gefäße und versteckte es im ganzen Haus, weil ich nicht sicher war, wann der nächste Trupp kommen und alles wieder mitnehmen würde. Stjopka mußte wieder an die Front, holte das Taschentuch aus der Tasche und gab mir das Bündel mit dem Schmuck zurück. In der Nacht, die ich niemals vergessen werde, hörte ich Schüsse. Das alte Apothekerehepaar über uns hatte sich erschossen. Drei Wochen blieben sie in ihren Betten liegen. Es kamen andere Russen, und niemand war mehr da, uns zu beschützen. Wenn es hieß: »Frau komm!«, führte ich sie nach oben, riß die Schlafzimmertür des Apothekerehepaares auf, und schon waren die Russen verschwunden.

Wir wußten nicht, wann der Krieg zu Ende sein würde. In der Nacht zum 8. Mai hörten wir ununterbrochenes Schießen und hockten im Keller. Aber es waren Freudenschüsse, die wir für einen Luftangriff gehalten hatten.

Ab Juni 1945 kamen mehr und mehr Polen nach Landsberg. Jetzt standen die Türen offen, und plötzlich erschien ein schöner, eleganter Mann mit polnischem Akzent, der eine Wohnung suchte. Es war Michael Gramse, ein polnischer Rechtsanwalt, in den ich mich sofort verliebte. Aus Warschau brachte er Sekt und Kaviar, aber was viel wichtiger war, er tat es mit einem Charme, der mich völlig verzauberte. Diese Liebe dauerte nicht lange, denn es kamen zwei dicke, unangenehme Funktionäre der polnischen Arbeiterpartei und beschlossen, in unser schönes Haus zu ziehen. Sie gaben uns zwei Tage Zeit, ich kämpfte vergebens mit ihnen um den Perserteppich, den ich von meiner Mutter bekommen hatte. Dann mußten wir das Haus verlassen. Es drang das Gerücht durch, daß Berlin geschlossen würde. Michael Gramse besorgte uns einen Leiterwagen, und ich nahm von ihm Abschied. Ursula und ich machten uns mit vier Kindern zu Fuß auf den Weg nach Berlin. Die beiden größeren Kinder mußten laufen, die kleinen wurden gefahren. Wir zogen den Leiterwagen durch Küstrin, das völlig zerschossen war. Wir hatten ein wenig Essen dabei und schliefen in Ruinen. Nach vierzehn

Tagen kamen wir ohne Schuhe in Berlin-Lichtenberg an. Von dort zogen wir nach Charlottenburg in die Dahlmannstraße. Ich hatte noch den Wohnungsschlüssel; es wohnten sieben verschiedene Parteien dort. Aber da keine von ihnen Einweisungspapiere besaß, hatten wir die Wohnung nach einer Woche wieder für uns. Solange schliefen wir auf dem Flur von Frank Maraun.

Aus der Wohnung war fast alles Brauchbare gestohlen. Meine Bettwäsche flatterte auf der Leine der Hauswartsfrau. Im Juli erfuhr ich, daß Melis in amerikanischer Kriegsgefangenschaft gewesen und jetzt auf dem Weg nach Berlin sei. Als er schließlich kam, saßen wir um einen großen runden Tisch, und Melis schwärmte mir von Rilkes »Cornet« vor, den er gerade gelesen hatte. Da wußte ich, daß etwas geschehen war. Den »Cornet« las man mit vierzehn. Meine Tochter spielte mit seinem Gepäck herum und kramte ein Bündel Briefe heraus: Sie waren von Katjuscha, einer Siebenbürger Sächsin. Melis wollte nach Stuttgart zu Willi Baumeister, der ihm angeboten hatte, an der Akademie zu arbeiten. Katjuscha male – so Melis – und sei so begabt, daß man dies fördern müsse. Sie sei ein wunderbarer Mensch und würde mir die beste Freundin sein. Ich solle doch mitkommen. Zwei Tage und Nächte versank ich in tiefe Depression. Ich konnte für diesen Mann kein Gefühl mehr entdecken. Er war mir völlig fremd geworden. Dazu gab es nun noch eine völlig fremde Frau. Wo sollte ich da hin? Am 23. Juli 1945, meinem Geburtstag, reichte ich die Scheidung ein. Ich war jetzt einunddreißig Jahre alt.

Inzwischen hatte sich für mein Leben eine neue Perspektive aufgetan, die diesen Schritt leichter machte. Frank Maraun, der sich von seiner Frau getrennt hatte, war jetzt mit Else Feldbinder verheiratet, die ich gut kannte. Sie arbeitete beim »Kurier«, der französisch lizensiert war. Als Kulturredakteurin bekam sie für alle Veranstaltungen zwei Karten und nahm mich mit. Eines Nachmittags gingen wir ins Maison de France und sahen den Film »Les Pièges«, »Die Fallstricke«. Neben mir raschelte jemand mit seinen Papieren herum, beugte sich zu mir herüber und fragte: »Verstehen Sie überhaupt etwas?« »Natürlich«, sagte ich, »aber wenn Sie noch lange herumrascheln, verstehe ich nichts mehr.« – »Das ist ja hervorragend«, sagte er und packte mir den Haufen Papiere auf den Schoß, »dann schreiben Sie eine Kritik und seien Sie morgen vormittag um zehn Uhr in der Wallstraße« – und er verschwand aus dem Kino. »Fragen Sie nach Enno Kind«, hatte er noch gesagt. »Die Wallstraße«, erklärte mir Else Feldbinder, »ist die ›Deutsche Volkszeitung‹«, später wurde daraus das »Neue Deutschland«. Am nächsten Morgen ging ich in aller Herrgottsfrühe zu Else Feldbinder und tippte meine erste Kritik in ihre Maschine. Jetzt packte mich der Ehrgeiz, Journalistin zu werden, denn eigentlich – und das wurde mir jetzt klar – war dies der Traum meiner Jugend gewesen. Ich wußte, das kann ich, obwohl ich keine Ausbildung, weder ein Studium noch sonst irgendwelche Erfahrungen hatte – außer daß ich immer schon leidenschaftlich gerne Zeitung las. Enno Kind war zufrieden mit dem, was ich geschrieben hatte, und ich wurde für sechshundert Mark Fixum und zusätzliches Zeilenhonorar für jeden Artikel angestellt. Das erste, was ich von dem Geld auf dem schwarzen Markt kaufte, war ein Zentner Kartoffeln. Ursula blieb zu Hause, sorgte für die Kinder, und ich verdiente das Geld. Wenn ich abends aus dem Theater oder aus dem Kino kam und es kalt war, machte sie mir eine Wärmflasche, kochte mir einen Kaffee, gab mir die einzige Zigarette, und ich fing an zu schreiben, bis ich ins Bett fiel. Am nächsten Morgen versuchte ich, durch Trümmer und zerschossene Bahnhöfe mit der S-Bahn von Charlottenburg in die Wallstraße zu kommen.

Fast hätte ich Huchel schon früher kennengelernt. Seit 1945 gab es den Berliner Rundfunk, der von den Sowjets in dem von Poelzig gebauten Rundfunkhaus in der Masurenallee untergebracht worden war. Im Mai 1946 feierten sie den ersten Jahrestag, und ich sollte darüber berichten. Eigentlich müßte ich Huchel gesehen haben, aber ich kann mich nicht erinnern. Kurz darauf stellte der Berliner Senat einen Bus für eine Theaterreise durch Mecklenburg und Vorpommern zur Verfügung, was bedeutete, daß wir uns Bühnenstücke auf einer vorgegebenen Route anschauen würden. Es waren Journalisten aus allen vier Sektoren geladen. Morgens um zehn Uhr traf man sich am Bahnhof Zoo. Ich stellte fest, daß ich die einzige Frau war. Als es hieß: Jetzt fahren wir los, kam ein Taxi, aus dem ein Mann in Hut und Gamaschen stieg und in den schon fast die Türen schließenden Bus sprang. Er wurde von Herbert Ihering heftig begrüßt. Wir waren zehn Tage unterwegs, abends hingen wir in Hotelbars herum, und allmählich wurde mir offenbar, daß der Mann mit den Gamaschen Peter Huchel hieß. Seit dieser Reise haben wir uns nicht mehr getrennt. Anfangs wunderte ich mich über die Gedichtzeilen, die er mir hin und wieder mit der Frage, ob sie mir gefallen, ins Ohr murmelte. Später hat Huchel es »Raunen« genannt und das Bild mit dem Magnet und den Eisenspänen benutzt – zu Beginn seien die Worte noch ganz wirr und ungeordnet, aber durch das Raunen würden sie sich formen wie Eisenspäne durch den Magnet. Ich wußte damals nicht, wer Huchel war. Ich wußte nur, daß er den

Berliner Rundfunk leitete, wozu er auf abenteuerliche Weise gekommen war. Es hatte mit seinem tiefen Abscheu vor dem Militär begonnen. Huchel hatte sein Gewehr mit Sand gefüllt. Vor dem Erschossenwerden rettete ihn im allgemeinen Durcheinander der letzten Kriegstage ein Oberstabsfeldwebel. In der Nacht setzte Huchel sich ab, versteckte sich in einer Scheune und zerriß sein Soldbuch. Er fand eine alte Hose und nahm sich die Jacke von einer Vogelscheuche, nicht ahnend, daß er als Zivilist viel gefährdeter war als in Uniform. Es gab damals keine Zivilisten mehr. Das wußte jeder. Zwei Tage blieb er ohne Essen und Trinken in der Scheune, bis sie beschossen wurde und er die Schreie von Frauen hörte, die vergewaltigt wurden. Dann schwamm er durch ein Gewässer, das vermutlich ein Havelarm war. Als er an der Straße stand, wurde er eingereiht in einen endlosen Zug Gefangener und geriet in die Rüdersdorfer Kalkbergwerke, wo es verdorbene Blutwurst gab und Huchel Tannenspitzen aß. Nach den ersten chaotischen Tagen kamen russische Kulturoffiziere und befragten die einzelnen Gefangenen. Huchel erzählte, was er bislang getan hatte, und kurz darauf kam ein Lastwagen, der ihn umd einige andere Gefangene im Berliner Rundfunk an der Masurenallee absetzte.

Huchel wohnte in der Bayernallee, ich in der Dahlmannstraße. Huchel war noch verheiratet mit einer Frau, die mit einem Kind in Michendorf lebte. Er war in diese Ehe regelrecht hineingeraten und davon nahezu traumatisiert, wie es Oda Schaefer in ihrem Buch »Auch wenn du träumst, gehen die Uhren« beschreibt. Diese Ehe belastete ihn sehr, aber es war eben auch Huchel, der es nicht fertiggebracht hatte, sich einer Frau gegenüber eindeutig zu verhalten, mit der er nicht leben wollte. Ich war längst geschieden, alles war geregelt, während die Ehe Huchels auf eine Weise an uns hing, daß daran eine neue Liebe hätte zerbrechen können. Aber Huchel war der Mann, auf den ich gewartet hatte. Er war interessant, witzig, humorvoll von manchmal verletzender Schärfe. Niemals war es langweilig mit ihm, er kannte Hunderte von Menschen, er sah gut aus, und – was mir seltsam wichtig war –, er war groß. Das Leben mit ihm war so, wie ich mir das Zusammensein mit einem Mann vorstellte. Ich hatte eine Arbeit, die mich faszinierte. Ursula organisierte das häusliche Leben. Ich ging täglich zu zwei Veranstaltungen, die ich besprechen mußte, und ich begann Interviews mit Schriftstellern zu machen, die aus der Emigration zurückgekehrt waren. Irgendwann war auch Anna Seghers gekommen. Ich sollte mich ein wenig um sie kümmern und stapelte Briketts auf ihrem Balkon, wobei mich Herbert Ihering vom gegenüberliegenden Haus beobachtet hatte, wie er mir später erzählte. Aber das Interview, was ich eigentlich mit ihr machen wollte, kam und kam nicht zustande. Schließlich rief ich Huchel an, der sich mit uns abends in der »Möwe« verabredete, und ich machte mir im Gespräch Notizen, wonach ich am nächsten Tag etwas schrieb. Anna Seghers hat später gerne in »Sinn und Form« veröffentlicht: »...ich reise jetzt nach Brasilien, und schon auf dem Schiff fange ich an, Dir über Tolstoi zu schreiben...«, aber Huchel hatte mit ihrer in der DDR entstandenen Prosa große Schwierigkeiten, während er »Transit« für ein gutes Buch hielt.

Huchel und ich wohnten umschichtig in den beiden Wohnungen. Huchel hatte einen ganz geregelten Dienst im Rundfunk. Wir frühstückten zusammen, und dann ging jeder seiner Wege. Am Tag sahen wir uns kaum, abends trafen wir uns manchmal zum Essen im Restaurant, wo Huchel viele seiner Arbeitsbesprechungen hin verlegte. Die Nacht verbrachten wir miteinander, entweder in meiner Wohnung, die wir mit einem Kanonenofen wärmten, indem wir Kisten verbrannten, die Ursulas irischer Freund abends mitbrachte. Oder wir gingen in Huchels Wohnung in der Bayernallee, in die keine Bomben gefallen waren und wo alles äußerst gepflegt und in Ordnung war. Es wohnten Karl Eduard von Schnitzler und Markus Wolf dort, letzterer ein netter, eleganter, gerade aus Moskau angereister junger Mann. In seinen Memoiren hat er später gesagt, daß er gerne Ingenieur geworden wäre, aber Ulbricht von ihm verlangt habe, für den Geheimdienst zu arbeiten, was er möglicherweise schon tat, während wir uns freundlich im Treppenhaus zuwinkten. Sein Vater Friedrich Wolf war Botschafter in Warschau, und wir hatten später große Probleme mit ihm, weil Huchel seine Texte ablehnte, die er uns – nicht mit der Bitte, sondern mit der Maßgabe – schickte, sie in »Sinn und Form« zu veröffentlichen.

Bis dahin hatte Huchel noch kein Buch publiziert. Nur bei Willy Haas waren Gedichte in der »Literarischen Welt« erschienen. 1933 hatte der Jess-Verlag einen Band Gedichte geplant, und Huchel hatte ihn schon konzipiert, als sich plötzlich die Nazis für ihn interessierten und in ihr »Blut-und-Boden«-Konzept zu drängen versuchten. Da zog Huchel den Band zurück. Jetzt sollte ein Buch im Aufbau-Verlag erscheinen. Wir fuhren 1948 an die Ostsee, und Huchel stellte die Gedichte zusammen. Wir haben drei Wochen lang intensiv zusammen gearbeitet. Huchel erklärte mir die Metaphern, die er gebrauchte. Wegen des Gedichtes »Sommerabend« haben wir uns entsetzlich gestritten, weil ich es kitschig fand. »Knaben, schön ist das Leben, wenn es noch stark ist und gut.« Huchel wollte meine Zustimmung, die ich ihm nicht gab. Die Auseinandersetzung wurde sehr ernst; ich kämpfte, aber er nahm das Gedicht trotzdem in die Sammlung hinein. Ich merkte, wie Huchel es hinauszögerte, dem Verlag das Manuskript zu geben. Er baute es wieder und wieder um. Auch später mußte ich ihm die Gedichte irgendwann aus der Hand reißen, sonst wären sie nie erschienen. Immer wollte er sie noch zurückhalten. Bis zur allerletzten Minute, bevor ich sie in den Nachtbriefkasten werfen konnte, zweifelte und veränderte er daran.

In all den Jahren mit Huchel lebte ich in ständiger Verfügbarkeit. Ich war es, die die Gedichte in die Maschine schrieb, nicht er. Ich habe ihn in den vierunddreißig Jahren unseres Zusammenlebens nicht ein einziges Mal die Taste einer Schreibmaschine anschlagen hören, während ich immer tippte und ständig neue Fassungen abheftete, auf die ich das Datum schrieb. Bei der Qual, die die Zusammenstellung eines Gedichtbandes für ihn bedeutete, ist es nicht verwunderlich, daß Huchel so wenig Bücher publiziert hat und daß die Abstände dazwischen sehr groß waren. Ein Teil der Auflage, die damals im Aufbau-Verlag erschien, verbrannte kurz nach dem Erscheinen in einem Lager. Aber auch die Bände, die nicht verbrannt waren, tauchten nicht im Buchhandel auf, weil sie durch Löschwasser vernichtet worden waren. Die gerade noch lesbaren Exemplare hatte man an ein Altersheim verschenkt. Da schwor sich Huchel, niemals wieder im Aufbau-Verlag zu publizieren, und schrieb an Walter Janka, der damals Leiter des

Verlages war und von dem Huchel fand, daß er wie ein rumänischer Pferdehändler aussehe: »Und somit streichen Sie mich aus der Liste der Autoren.« Als der Verlag 1984 wieder einen Auswahlband von Gedichten herausbringen wollte, hielt ich mich an Huchels Entscheidung. Ich konnte mir vorstellen, welche Gedichte sie nehmen würden, um einen märkischen, auf DDR getrimmten Dichter aus ihm zu machen, und ausgerechnet Stephan Hermlin sollte der Herausgeber sein. Ich wußte ja, wie es sein würde. Zuerst läge eine große Verlagsauswahl vor. Dann wäre ihnen dies aber zu viel und sie würden mir eine Liste schicken, auf der tatsächlich auch die Gedichte »Hubertusweg« und »Ophelia« zu finden wären. Dem hätte ich dann zugestimmt, und der Band wäre erschienen. Und schließlich: »Mein Gott, das ist uns ja so peinlich, das können wir uns auch nicht erklären, es muß aus dem Satz gefallen sein.« – »Hubertusweg« und »Ophelia« wären nicht drin. So wäre es gewesen.

Solange die erste Garnitur russischer Kulturoffiziere da war, gab es im Berliner Rundfunk keine Probleme. Sie waren hochgebildete Leute, die Huchel freie Hand ließen. Aber als wir eines Tages auf dem Kurfürstendamm in einem Café saßen, hielt ein Jeep, und ein amerikanischer Freund von Huchel, der Journalist war, sprang heraus und warnte: Alle derzeitigen Kulturoffiziere, auch die russischen, würden abgelöst, was danach käme, sei die zweite Garnitur, und vor denen müsse man sich hüten. Es waren aber nicht so sehr die Russen, vor denen es jetzt galt, sich in acht zu nehmen. Aus der Sowjetunion kamen die deutschen Stalinisten zurück und besetzten die wichtigsten Posten. Menschen begannen zu verschwinden. »Ich weiß nicht«, sagte Huchel, »gestern war da noch dieser junge Mann. Jetzt hängt sein Hut hier am Nagel, und der junge Mann kommt nicht mehr.« Nach außen hin war es eine schöne neue Welt. Der deutsche Faschismus war mit der Staatsgründung der DDR aus der Welt geschafft worden. Man mußte über die Vergangenheit nicht mehr nachdenken, auch wenn es den häßlichen Spruch gab: »Die Obersturmbannführer sind im Westen und die Untersturmbannführer im Osten.« Die Zeitung, für die ich arbeitete, hieß jetzt »Neues Deutschland«. Die Kommunisten und die Sozialdemokraten taten sich zusammen und marschierten symbolisch in zwei großen Zügen aufeinander zu. Otto Grotewohl und Wilhelm Pieck reichten sich die Hände. Als ich eines Tages im Foyer des Kinos »Babylon« stand, kam ein kleiner dicker Mann herein und machte eine riesige Verbeugung: »Ich heiße Wilhelm Pieck, und wie heißen Sie?« Was der Händedruck von Grotewohl und Pieck wirklich bedeutete und mit welchen Mitteln die daraus hervorgegangene SED erzwungen wurde, darüber habe ich mir damals keine Gedanken gemacht. Warum nicht, werde ich mir gesagt haben, zusammen kann man mehr erreichen als allein. Brecht und Bloch meinten: »Wo gehobelt wird, fallen Späne.« Beunruhigend war nur, daß Menschen, die man hin und wieder gesehen hatte, auf einmal nicht mehr da waren. Aber richtig wach wird man erst, wenn man am eigenen Leib gerüttelt wird.

Zwischen den Emigranten, die aus dem Westen zurückgekommen waren, und denen aus der Sowjetunion tat sich eine gefährliche Kluft auf. Wenn man zum Essen nicht in die »Möwe« ging, sondern in den »Kulturbund«, saß da ein finster blickender Alexander Abusch, und es wurde geflüstert: »Der kommt aus Mexiko!« Man wollte ihn nicht, auch nicht die Spanienkämpfer und am allerwenigsten diejenigen, die mit den Brüdern Field in Berührung gekommen waren. Die Fields waren zwei brave Quäker, die überall Schokolade und Zigaretten verteilt hatten und jetzt zu Agenten erklärt wurden. Sogar Karola Bloch war völlig verstört, weil Ernst Bloch ein Päckchen Tabak von Noel Field angenommen hatte. Alle fingen an zu tuscheln, alle hatten auf einmal Angst. Natürlich hat es in der DDR – wenn man vom Janka-Prozeß absieht – keine Schauprozesse von dem Ausmaß gegeben wie in der Sowjetunion und später in Prag, wo ein Kontakt zu den Brüdern Field tatsächlich verhängnisvoll hatte sein können. Aber ich glaube nicht, daß es so war, wie Stephan Hermlin neuerdings berichtet, daß Ulbricht freiwillig darauf verzichtet und Berija unverrichteter Dinge wieder nach Hause geschickt habe, als jener von ihm ähnliche »Inszenierungen« verlangt haben soll. Ulbricht wird einfach nicht genügend belastendes Material in der Hand gehabt haben.

Huchel machte die Arbeit im Berliner Rundfunk noch eine Weile, bis Wilhelm Girnus kam, der elf Jahre im Zuchthaus und in einem Konzentrationslager überlebt hatte. Girnus war ein wütender Stalinist. Er erreichte, daß Huchel vom Sendeleiter zum künstlerischen Direktor zurückverwandelt wurde. In den wichtigen Positionen saßen jetzt Parteigenossen, während Huchel, der nie in der Partei war, an Einfluß verlor. Der Rundfunk wurde ihm zuwider.

Ende 1947 oder Anfang 1948 fand im großen Sendesaal in der Masurenallee eine Lesung von Johannes R. Becher statt. Die einleitenden Worte sollte Friedrich Wolf sprechen, der aber nicht kam. Der Saal war voll, alles wartete, und es wurde beschlossen, daß Huchel einspringen müsse. Diese Rede muß Huchel besonders gut gelungen sein, denn er vermutete später, daß Becher ihm deshalb sein Projekt »Sinn und Form« antrug. Im Sommer 1948 fuhren wir nach Ahrenshoop und trafen uns mit Becher in dessen Haus. Noch war er nicht Kulturminister, da es die DDR noch nicht gab. Er war eben Becher. Wir gerieten in eine heikle Situation. Becher war in heftigsten Nöten, weil sich seine Frau Lilly angesagt hatte, während seine Geliebte, eine Schauspielerin, zu Besuch war, die jetzt eilends abreisen mußte. In diesem Durcheinander schlug er Huchel vor, eine literarische Zeitschrift aufzubauen, die eigentlich »Maß und Wert« heißen sollte, analog der Zeitschrift, die Thomas Mann in der Schweiz herausgegeben hatte. Wegen des Namens wolle er sich mit Thomas Mann in Verbindung setzen, der werde schon zustimmen. »Und was machen Sie?« fragte er mich. »Ich arbeite beim ›Neuen Deutschland‹.« – »Wollen Sie nicht auch mitarbeiten?« – »Ja, ja«, sagte ich. Das war alles, etwas vage und definitiv zugleich. Es gab keine Diskussion. Becher hatte es eilig, er fürchtete sich vor seiner Frau. Wir sagten zu und fuhren mit dem Chauffeur vom Rundfunk wieder zurück nach Berlin.

Noch lebten wir in Westberlin zwischen Dahlmannstraße und Bayernallee. Aber das Haus in der Bayernallee war von den Sowjets requiriert worden. Jetzt kamen die Eigentümer wieder, und die Russen gaben es zurück. Wir mußten uns etwas Neues suchen.

Es war 1949. Ich war schwanger. »Wieso ein Kind?« fragte Huchel. Aber er, der eigentlich gar nicht kinderlieb war und sich trotzdem um meine beiden mitgebrachten Kinder erstaunlich liebevoll kümmerte, er, Huchel, wurde ganz und gar Vater, als Stephan geboren war. Ich war jetzt fünfunddreißig Jahre alt und habe bis zum letzten Tag gearbeitet. Am 1. Mai wollte ich eigentlich noch zur Demonstration, aber Huchel ließ mich nicht gehen. Am nächsten Morgen kochte ich für zwei Tage im voraus. Dann liefen Huchel und ich in die Eschenallee zur Frauenklinik. Stephan kam am gleichen Tag auf die Welt. Die Klinik war so teuer, daß ich sie nach fünf Tagen mit Stephan fluchtartig verließ. Ich trug ihn immer in einem Tuch bei mir und nahm ihn auf alle Reisen mit. Er hatte ein Dreirad und eine elektrische Eisenbahn, aber er spielte nicht damit. Er war vier Jahre und saß und las die Naturkundebücher von Otto Schmeil. Mit dem Schmeil lernte er lesen, er las nichts anderes. Als er in die Schule kam, weigerte er sich zu unterschreiben, daß er kein Westfernsehen anschauen würde, weil er um nichts in der Welt auf die Sendung mit Bernhard Grzimek verzichtet hätte. Er liebte die Pflanzen und die Tiere und war auch als Kind so gradlinig und kompromißlos wie später in seinem Leben.

Thomas Mann hatte nicht zugestimmt. Aus »Maß und Wert« wurde »Sinn und Form«. Rütten & Loening verlegte die Zeitschrift. Huchel bekam zweitausend Mark im Monat als Chefredakteur. Ich wurde wissenschaftliche Mitarbeiterin. Das erste Heft erschien 1949 mit großer Resonanz. Im Impressum ist noch die Bayernallee verzeichnet. Rütten & Loening schickte uns eine Sekretärin, Frau Narr, die Närrin. Sie stand eines Morgens in Hut und Schleier vor der Tür, als wir noch im Bett lagen.

Eines Tages zeigte mir Huchel die Gegend, wo er aufgewachsen war, Langerwisch bei Wilhelmshorst. Ich dachte, hier möchte ich leben. Wir mieteten zunächst ein Haus am Kirchweg in Wilhelmshorst, dann zogen wir in ein Haus am Eulenkamp, durch dessen Terrasse eine Kiefer wuchs. Die Närrin sah morgens die Post

durch und sortierte sie. Später stellten wir noch einen Redakteur ein, Fritz Erpel. Huchel sah sich die Einsendungen an. Ich las in kurzer Zeit die Texte durch, die er ausgewählt hatte, und korrigierte sie mit den Autoren – mit Bloch, mit dem jovialen Becher, mit Ludwig Renn, der sehr schwierig war, und mit dem Romanisten Werner Krauss, der so merkwürdige Formulierungen benutzte wie »Er hatte ihn in Brot und Arbeit gesetzt«. Mit Arnold Zweig traf ich mich zum Korrekturlesen in der Akademie der Künste, wo ich ihm seine Kisten aus Palästina auspackte. Er konnte fast nichts mehr sehen, und ich mußte ihm seine Texte, in denen ich ganze Passagen umschrieb, vorlesen. Wenn wir fertig waren, küßte er mich auf die Stirn: »Bis zum nächsten Mal, mein Kind.«
Auf unseren Spaziergängen kamen wir am Hubertusweg vorbei und sahen ein großes Haus zwischen hohen Kiefern. Wir fragten herum. Es wohnte eine alte Frau mit einer noch älteren Mutter darin. Das Haus gehörte der Kreissparkasse Belzig, die es für sechstausend Mark ersteigert hatte. Sie boten es uns für das Vierfache an, was Brecht als praktizierten Kapitalismus bezeichnete. Huchel hatte inzwischen den Nationalpreis Dritter Klasse bekommen, der genau ausreichte, um das Haus zu bezahlen. Für die Frau und ihre Mutter suchten wir eine neue Wohnung. Im Dach wurde für Huchel ein völlig isoliertes Arbeitszimmer ausgebaut. Im Parterre war die Redaktion, im Nachbarhaus das Archiv, das die Närrin einrichtete. Dazwischen lebte ich mit drei Kindern, renovierte, redigierte, übersetzte und war begeistert von dem, was ich tat. Huchel war inzwischen geschieden, und wir heirateten.
»Sinn und Form« wurde das intellektuelle Aushängeschild der DDR. Marcel Reich-Ranicki attestierte, daß

»Sinn und Form« nach zwei Nummern international die beste Literaturzeitschrift sei. In einer Beilage zur zweiten oder dritten Nummer legte Huchel seine Grundgedanken dar – er wollte den literarisch entwöhnten Lesern Literatur nahebringen. Sein Konzept war marxistisch, auch wenn ich Huchel nicht als Marxist beschreiben würde. Er ließ sich von keiner Ideologie in seinem Denken beschränken. In gewisse gesellschaftliche Veränderungen wie die Bodenreform legte er fundamentale Hoffnungen. Da waren die Erinnerungen an seine Kindheit – die polnischen Schnitter und die Mägde, bei denen er Milch mit eingebrocktem Brot bekommen hatte, und die Kossäten, die Kätner, die ihr Deputat bekamen, was sie bewirtschafteten, aber niemals besitzen konnten. Auf der anderen Seite saß der Gutsherr, der Huchels Großvater war und über allem herrschte. Huchel wollte, daß das Land aufgeteilt würde, und übernahm nach der Bodenreform die Patenschaft für ein kleines Dorf, das Land bekommen hatte und es jetzt selbst bewirtschaftete. Die folgende Zwangskollektivierung hat all das wieder zerstört, und Huchel war tief enttäuscht. Aber er hat nie – auch später nicht – eine antisozialistische Position vertreten, selbst wenn er die Bundesrepublik 1971 für das freieste Land hielt, was ihm damals einige Menschen verübelten. Ich muß gestehen, daß ich Huchels politischen Standort immer so überzeugend fand, daß ich mich neben ihm ansiedelte und mir gar nicht die Mühe machte, noch nach einem eigenen zu suchen.

Huchel verfügte über den für die Zeitschrift lebensnotwendigen Vorteil, daß ihn unendlich viele Leute kannten. Als nicht parteigebundener Chefredakteur wurde er zunächst sehr hofiert, aber auch angegriffen:

Zuviel Philosophie, zuviel Westliteratur, zuviel Adorno, Bloch, Marcuse, Werner Krauss, Ernst Niekisch und zuviel Gertrud Kolmar, die in Auschwitz umgekommen war und der Susanne Kerckhoff – Halbschwester von Wolfgang Harich – »kranken Symbolismus« und »besessene Erotik« vorwarf. 1951 kam es zu einer ersten Krise. Die Akademie der Künste hatte die Herausgabe von »Sinn und Form« übernommen. Es drangen Gerüchte zu uns, daß man herumgefragt habe, wer die Redaktion übernehmen wolle. Girnus hatte die berüchtigte Anti-Barlach-Kampagne eröffnet, die sich in einem Satz zusammenfassen läßt: Wer für Barlach war, war für den amerikanischen Imperialismus. Brecht aber hatte einen Aufsatz über Barlach geschrieben, den das inzwischen bieder kommunistische »Neue Deutschland« nicht veröffentlichen wollte. So brachten wir ihn in »Sinn und Form«. Brecht war Huchel dankbar, daß er alle seine Texte in den Sonderheften publizieren konnte. Brecht und Huchel mochten sich, wenngleich sie als Dichter Antipoden waren. Mit Brechts urbaner Lyrik hatte Huchel ebensowenig zu tun wie mit Benn. Aber er schätzte beide. Ich fand Brechts Liebeslyrik ebenso inhuman wie ihn selbst.

Von Verlagen und Übersetzern bekamen wir viele Texte aus dem Russischen, deren Original niemand von uns lesen und kollationieren konnte. Also lernte ich mit Hilfe eines dänischen Slawisten in kurzer Zeit Russisch, und als Huchel später Fedins Roman »Ich war Schauspieler« aus der Sowjetunion mitbrachte, übersetzte ich ihn für den Aufbau-Verlag.

Es kam der 17. Juni 1953, aber dieser Tag rauschte an uns vorüber. Ich war in Wilhelmshorst und merkte von allem nichts. Huchel war zwar in der Stadt gewesen, aber ihn hatten die vielen Menschen auf den Straßen irritiert. Kuba rief den Schriftstellerverband zusammen, damit irgendeine Resolution verfaßt würde. Brecht soll dieses berühmte Telegramm an Ulbricht geschickt haben, das mit entstellenden Kürzungen veröffentlicht worden sei. Irgend jemand erzählte uns, daß Otto Nuschke – während sich die Partei in ihrem Haus verschanzt hielt – auf ein umgestürztes Auto gestiegen sei und versucht haben soll, zu den Aufständischen zu reden.

Obwohl wir mit Sicherheit dem Staat der DDR gegenüber noch loyal waren, haben wir diesen Aufstand damals nicht als Konterrevolution betrachtet und glaubten aber auch nicht an die sogenannten Groschenjungen vom Potsdamer Platz, die das ganze initiiert haben sollten. In Wilhelmshorst gab es keine Fabriken, das »Neue Deutschland« hatte ich aufgehört zu lesen, und die politischen Tagesereignisse spielten für uns keine Rolle. Zu uns drangen ja auch andere Informationen durch als zu den meisten anderen Menschen. In der Redaktion bezogen wir die wichtigsten westlichen Zeitungen, und Huchel konnte zu Symposien und Schriftstellertreffen in den Westen reisen, weil die Akademie der Künste diese Reisen finanzierte, wenn er delegiert wurde. Auf dem Bahnsteig wurde ihm dann eine Fahrkarte ausgehändigt und ein mageres Taschengeld. Später, als er bei »Konkret« Klaus Röhl und Ulrike Meinhof kennenlernte, überließ er ihnen Gedichte und bekam dafür Westgeld. Wenn Huchel auf diesen Reisen mit Hans Mayer zusammentraf, hatte Mayer, der Nichtraucher, die Taschen voll von Zigaretten für Huchel, den Kettenraucher, und breitete im Zug fürsorglich ein Plaid über Huchels Kniee.

1953 reiste Huchel mit einer Delegation nach Moskau. Wir hatten noch herausgesucht, was wir für die nächste Nummer in der Rubrik »Umschau und Kritik« bringen sollten, und wir fanden einen Aufsatz von Marcel Reich-Ranicki, den er noch unter dem Namen Marceli Ranicki über Erich Weinert geschrieben hatte. Weinert hatte einen Preis bekommen und war kurz danach gestorben. Die Nummer kam heraus. Einen Tag später war Becher – inzwischen Minister für Kultur – am Telefon: »Ihr benutzt einen toten Genossen, um einen lebenden zu beschmutzen.« Reich-Ranicki hatte geschrieben, daß Weinert zwar kein großer Dichter sei, aber Säle füllte, während Bechers expressionistische Gedichte bereits vergessen seien und vom Arbeiter nicht verstanden würden. Huchel war noch in Moskau, also wurde ich ins Ministerium zitiert. Becher nannte mich die Amerikanerin, weil ich einen Trenchcoat und einen schräg auf dem Kopf sitzenden Filzhut trug. Er reichte mir einen Text, unter den Peter Huchels Name gesetzt war. Es war eine Selbstbezichtigung, in der sich Huchel schwerer künstlerischer und ideologischer Verfehlungen schuldig bekannte. Ich sagte: »Nach dem zweiten Satz weiß doch jeder, daß Peter Huchel so etwas nie geschrieben haben würde.« Da sprang Becher auf und schrie: »Ich habe es dir ja gleich gesagt, das macht die nicht!« Erst jetzt sah ich in dem großen dunklen Büro Alexander Abusch sitzen, und es wurde mir in diesem Augenblick klar, daß Abusch der Verfasser dieses Textes war. Abends rief Huchel aus Moskau an und wurde in der Telefonkabine so wütend auf Becher, daß das Fräulein von der Zentrale dazwischenrief: »Schreien Sie doch nicht so, Genosse Huchel, schreien Sie doch nicht so!«

Huchel wollte die Redaktion niederlegen. Brecht beschwor ihn zu bleiben. In einer folgenden Akademiesitzung packte Brecht Abusch am Kragen: »Was haben Sie eigentlich in der Akademie zu suchen?« Zu Huchel sagte er: »Wir müssen beide unsere Läden verteidigen, wir sind die Visitenkarten der DDR.« Brecht stand zu Huchel und hätte gerne mit ihm das »Kommunistische Manifest« in Verse umgeschrieben, wozu es aber nie kam.

Jetzt war F.C. Weiskopf als Mitherausgeber im Gespräch. Dann fragte Arnold Zweig bei Louis Fürnberg an, der sich aber für Weimar und die Nationalen Forschungsstätten entschied.

Es ging weiter, und man ließ uns wieder für eine Weile in Ruhe. Huchel ließ sich keinen Weg vorschreiben. Becher hätte sicher liebend gern aus »Sinn und Form« seine Hauszeitschrift gemacht, aber Huchel publizierte ihn ebenso selten wie sich selbst. Noch waren wir voller Schaffensfreude und Lust an der Sache. Wir trafen interessante und inspirierende Leute in einer interessanten und inspirierenden Zeit.

1956 reisten wir nach Polen. In Polen, der Tschechoslowakei, in Ungarn, Frankreich und in England wurden jetzt Huchels Gedichte übersetzt. Er hatte sehr gute Übersetzer und war selbst unermüdlich in Auskünften, die sie bei seinen unüblichen Wortschöpfungen brauchten. Huchel wird ja oft als Naturlyriker bezeichnet, weil er viele seiner Bilder aus der Natur nahm. Die Natur und besonders die Pflanzen sind aber der Schrecken für jeden Übersetzer, auch für mich. Ich besitze ein botanisches Wörterbuch in Latein, Französisch, Englisch, Deutsch und Russisch. Bei Fedin zum Beispiel kommen so entlegene Gegenden vor, von denen kaum jemand etwas über die Fauna und Bodenbeschaffenheit weiß, und es war eine wahnsinnige Arbeit, all das herauszufinden. Aber es hat mir Spaß gemacht. Heute haben die wenigsten Übersetzer noch die Zeit, so viel Sekundärliteratur zu lesen, wie ich es konnte, um wirklich Bescheid zu wissen. Jetzt übersetzt man ja alles mit dem Computer. Das wäre für mich das Ende des Übersetzens gewesen. Ich habe immer mit der Hand in ein Heft geschrieben, in dem ich die linke Seite für Korrekturen freiließ. Getippt habe ich es dann selbst auf Huchels alter Remington, die keinen Umlaut und kein »ß« besaß, was schließlich die Verlage bemängelten. Erich Arendt brachte mir dann eine kleine Tippa aus dem Westen mit, auf der ich heute noch, auf den Knien, im Sofa sitzend, alles schreibe, was ich zu schreiben habe.

In Polen hatten wir Roman Karst getroffen, der die Zeitschrift »Twórczość«, »Das Schaffen«, herausgab. Die Nazis hatten seine Eltern erschossen. Er war später nach Kanada entkommen und jetzt nach Warschau zurückgekehrt. Bei ihm lernten wir Marcel Reich-Ranicki kennen, der uns ins »Krokodil« ausführte. In Krakau zeigte uns Wanda Kragen, die Übersetzerin von Arnold Zweig, alle Kirchen. Es waren wundervolle Tage. Aber als wir in die Karpaten fuhren, kam das Telegramm von Helene Weigel. Brecht war tot. Da wußten wir, daß alles noch schwieriger werden würde.

Den Ungarnaufstand 1956 erlebten wir am Radio und wunderten uns, wie lange die Grenzen offen blieben. Für uns bedeutete es, daß wir jetzt keine Texte von Georg Lukács mehr bekommen würden. Es folgten die Verhaftungen von Janka, Just und Harich, den Huchel immer für einen ausgezeichneten Schriftsteller gehalten hat. Was da im einzelnen geschehen war, erfuhren wir erst später. Nach dem XX. Parteitag gab es ein kurzes

Aufatmen, auch wenn Chruschtschows Rede nur in Bruchstücken veröffentlicht worden war. Aber mehr und mehr spürten wir die Erstarrung und den Verlust von Autoren aus der Anfangszeit. Ernst Bloch war gegangen, Hans Mayer war nicht mehr da. Es wurde immer magerer.

1959 begann der sogenannte Bitterfelder Weg, den wir nicht beschritten, und Huchel hatte einen neuen Feind in Alfred Kurella. Huchel hatte Kurella in Moskau getroffen und ihn bestärkt, nach Deutschland zurückzukehren, wo alles so schön sei und es so viel aufzubauen gäbe. Als er tatsächlich kam, ahnte Huchel nicht, welche Art Gegner er sich mit Kurella in die Nähe geholt hatte, der – später aufkommenden Gerüchten zufolge – seinen eigenen Bruder denunziert haben soll. Damals ahnte ich solche Dinge nicht und hielt in gewisser Weise die Kommunisten noch für die besseren Menschen, wenn man sie an den wiedererwachenden Nazis im Westen der fünfziger Jahre maß. Es dauerte noch Jahre, bis ich das bereits brüchige Band, das mich immer noch in Teilen meines Denkens mit dem Kommunismus verband, vollends durchtrennte. Es war erst die lange und ausführliche Beschäftigung mit dem Spanischen Bürgerkrieg, die endgültig alle Illusionen über diese Alternative zur kapitalistischen Wirklichkeit zerstörte. Zu lange wurde jedes Unbehagen am Feindbild und jedes Argument an seiner Verneinung erstickt. Nicht die eigene Wirklichkeit war Gradmesser, sondern das, was nicht sein durfte. Es gab keine Zwischentöne in diesem Denken, was letztlich zu der Gedankenenge führte, an der die DDR auch zugrunde gegangen ist.

Huchel wurde in die Akademie der Künste zitiert, wo Hans Marchwitza die Zeitschrift als »Unsinn und Uniform« bezeichnete. Alexander Abusch fragte: »Und wo, bitte schön, wird der Geburtstag des Genossen Ulbricht gewürdigt?« Alfred Kurella ließ die Hefte durch die Finger gleiten und bemerkte, daß in all den Jahren die Existenz der DDR darin nicht einmal erwähnt werde. Die Herausgabe der Hefte wurde eine Gratwanderung. Wir waren auf der Hut – ohne Konzessionen zu machen. Aber es gab an jedem Heft etwas auszusetzen. Statt eines Artikels über Volkstanzgruppen brachten wir etwas über Marcel Marceau. Es konnte ihnen nicht recht sein. Trotzdem haben wir nicht daran gedacht, dieses Land zu verlassen, damals, als wir es noch hätten tun können.

Mitte August 1961 wollten wir nach Italien reisen. Stephan sollte mitkommen und bekam eine Bronchitis – und dann waren wir eingemauert. Wir fuhren statt dessen Ende August nach Bulgarien. Roger, der jetzt schon einundzwanzig war, sollte das Haus hüten. Als wir im September zurückkamen, merkten wir, daß wir ihm eine schwere Bürde aufgeladen hatten. Zwei seiner Freunde waren noch über die Enklave Steinstücken in den Westen gekommen. Roger blieb, weil er sich verantwortlich fühlte. Das hat mich all die Jahre sehr belastet, und als er später reisen konnte, habe ich immer gesagt: »Bleib doch hier!« Aber er hatte als Fotograf ein riesiges Archiv, das er nicht zurücklassen wollte. Was Huchel und mich betrifft, so habe ich das Gefühl, daß wir auch dann zurückgekommen wären, wenn wir noch nach Italien hätten fahren können. Immer noch fühlten wir uns der Zeitschrift verbunden und verpflichtet. Unser Leben war einfach dort, in Wilhelmshorst. Viele, auch kritische Leute wie Biermann, haben damals argumentiert: »Die Mauer ist gar nicht so schlimm; wir können zwar nicht mehr reisen, aber dafür machen wir jetzt drinnen den

Mund auf.« Von dem äußeren Eingeschlossensein wurde eine Öffnung nach innen erhofft. Anna Seghers bat Huchel in einem Brief, den ich noch besitze, den ausländischen Schriftstellern in einem kurzen Statement darzulegen, was die DDR veranlaßt habe, sich nach außen hin abzugrenzen. Als Otto Gotsche, ein kleiner, unangenehmer Mann, diesen Brief vorbeibrachte, riß Huchel die Haustür auf und warf ihn hinaus, während er hinter ihm her schrie: »Sagen Sie Frau Seghers, sie soll sich einen anderen suchen!«

Anfang 1962 war der Rundbrief von der Akademie gekommen, der weitreichende personelle und ideologische Veränderungen der Redaktion von »Sinn und Form« ankündigte. Huchel hatte längst begonnen, sich zurückzuziehen. Er war mit einem Band Gedichte beschäftigt, der bei Fischer herauskommen sollte, und saß unterm Dach in seinem Arbeitszimmer, während die Närrin, Fritz Erpel und ich unten die Redaktionsarbeit machten. Erpel und ich beschlossen – gegen die morgens schon weinende Närrin: »Das könnt ihr nicht machen, das muß der Chef wissen« –, den Rundbrief erst einmal wegzulegen und Huchel in Ruhe seinen Gedichtband fertig machen zu lassen. Ab und zu horchte ich vorsichtig in Huchel hinein: »Könntest du dir vorstellen, daß wir ›Sinn und Form‹ nicht mehr machen?« – »Herrlich«, sagte er, »aber wie kommst du darauf?« Ich habe das immer wieder angesprochen, bis ich wirklich überzeugt war, daß er nicht mehr wollte, und dann haben wir es ihm gesagt.

Huchel hatte noch eine Doppelnummer vorbereitet, die sein letztes Heft wurde. Es war ein grandioser Abgang. Viele Texte waren ihm umsonst überlassen worden, von Ilse Aichinger, Günter Eich, Celan, Sartre und auch ein früher Aufsatz von Brecht aus der Nazizeit:

»Rede über die Widerstandskraft der Vernunft«. Ich hatte eine Erzählung von Isaak Babel, »Das Ende des Armenhauses«, übersetzt. Huchel veröffentlichte mehrere eigene Gedichte in diesem letzten großen Heft, »Der Garten des Theophrast«, »Traum im Tellereisen«, »Winterpsalm«. Man hatte von Huchel verlangt, daß er das Heft vor dem Druck vorlegen sollte. Aber er tat es nicht.

Wieder gab es eine Akademiesitzung. Bis Ende des Jahres, sagte Willi Bredel, solle Huchel es noch machen, dann solle Bodo Uhse sein Nachfolger sein. Huchel stellte eine Bedingung: Er würde die Zeit, bis Uhse sich eingearbeitet habe, noch überbrücken, wenn wir Ende des Jahres nach Italien ausreisen dürften. Jetzt, wo wir sahen, daß in diesem Land nichts mehr ging, wollten wir raus. Es ging uns zunächst immer nur um Italien, dort wollten wir hin. Italien war unser Traum. Die Bundesrepublik war uns fern. Huchel wollte nach Venedig, weil er sich vor Autos fürchtete und es dort keine gab. Bredel sagte: »Das wird sich machen lassen.« Das Vertrauen der Akademie in Uhses Fähigkeiten war offensichtlich nicht groß, denn wieder fragte Willi Bredel: »Könntest du nicht noch ein Jahr mit deinem Namen als Chefredakteur zeichnen und ab und zu einen Blick auf die Zeitschrift werfen?« Das Gehalt sollte weiter bezahlt werden. Aber Huchel lehnte es ab.

Das Jahr 1962 ging zu Ende. Von Italien war nicht mehr die Rede. Huchel war in Acht und Bann. Am liebsten hätten sie ihn hinter Schloß und Riegel gewußt, aber das wagten sie nicht, weil der Westen zu sehr am Fall Huchel interessiert war. Auf dem folgenden VI. Parteitag im Januar 1963 wurde er öffentlich von Kurt Hager angegriffen. Jetzt fielen die Funktionäre über ihn her, obwohl er nie etwas mit der Partei zu tun gehabt hatte.

Später las ich mit größtem Vergnügen die Protokolle dieses Parteitages. Hager: »Der Lord von Wilhelmshorst« (Gelächter im Saal); Ulbricht: »Und dieser Mensch hatte auch noch einen Sondervertrag!« Ich fragte Huchel, ob er das nicht auch einmal lesen wollte, aber es interessierte ihn nicht, er war bei seinen Gedichten.

Eines Morgens klingelte es um fünf Uhr. Zwei Lastwagen standen vor der Tür, und ein Wilhelmshorster Funktionär verlangte den Schlüssel für das Nachbarhaus, wo in zwei Räumen das Archiv untergebracht war. Obwohl dort jetzt nicht mehr gearbeitet wurde, hatten wir die Räume doch nicht aufgeben wollen, weil wir nicht wußten, wo wir das ganze kostbare Material lagern sollten. Jetzt wurde das Archiv aufgeladen, der Schlüssel flog durchs Gartentor, und die Lastwagen verschwanden im Morgengrauen. Monate danach kam eine Vorladung vor Gericht. Ein Richter, zwei Schöffen, ein Beisitzer. Es ging um das Archiv, für das wir Miete schuldig seien. Eine Schöffin meldete sich: »Ich habe gehört, in der DDR darf es keine Exmittierungen geben, das ist kapitalistisch.« Der Richter war ratlos: »Aber Sie haben doch eine verbotene Zeitschrift gemacht. Wie viele Tonnen Papier haben Sie dafür verbraucht?« Wegen unerlaubten Verbrauchs diverser Tonnen Papier wurde Huchel zu einer Strafe von drei Tagessätzen verurteilt. Huchel wollte es absitzen, aber der Richter ging auf zwei Tagessätze runter. Auch das wollte Huchel absitzen. Als er auch den einen Tagessatz absitzen wollte, zu dem der Richter schließlich überging, sollte er plötzlich wieder wegen drei Monaten nicht bezahlter Miete für das Archiv belangt werden. Huchel sagte, er wisse ja gar nicht, wo das Archiv gelagert sei, und auf diese Weise erfuhr er die Adresse. Sogleich nach der Verhandlung eilte er dorthin und fand ein altes Waschhaus, in dem das Wasser von den Wänden lief. Der Funktionär aus Wilhelmshorst hatte alles einfach hineinkippen lassen. Obendrauf hatte man die Habseligkeiten eines gerade gestorbenen Rentners geschüttet, so daß Huchel zwischen Hausrat und löchrigen Unterhosen nach Manuskripten suchte. Er fischte eine Handschrift von Thomas Mann heraus und ein paar gebundene Hefte, auf denen der Schimmel saß. Er warf sie dem Bürgermeister auf den Tisch: »Die Nazis haben die Bücher verbrannt, und Sie lassen sie verschimmeln!«

Im Westen hatte man Huchels Situation genau verfolgt. Man wußte, daß er abgesetzt worden war. Anfang des Jahres 1963 meldete sich ein Student im Auftrag des Berliner Senats. Huchel und er trafen sich am Bahnhof Friedrichstraße. Der Student teilte ihm mit, daß Huchel den Fontane-Preis bekommen sollte und fragte, ob er ihn annehmen würde. Huchel sagte zu. Es waren zehntausend Mark. Die Preisverleihung sollte Ende April stattfinden. Am 3. April wurde Huchel sechzig, und die Akademie schickte ihm einen Blumentopf.

Einen Tag vor der Preisverleihung, an einem Samstag, läutete das Telefon. Stephan Hermlin war am Apparat und verlangte im besten Funktionärston Huchel zu sprechen. Huchel war nicht zu sprechen, und Hermlin versuchte es noch dreimal vergeblich. Das war der Beginn der Hexenjagd. Dann versuchte es Erich Wendt, der inzwischen Minister für Kultur war: Ihm sei doch ein Blatt auf den Tisch geflattert, wonach Huchel den Frontstadtsenatspreis bekommen solle. »Von einem Frontstadtsenatspreis weiß ich nichts«, sagte ich, »Huchel bekommt den Fontane-Preis.« Wendt antwortete, er wünsche keine Polemiken, und hängte ein. Wieder läutete das Telefon. Diesmal war es Willi Bredel. Huchel war zu Freunden nach Caputh gegangen, den Caputher Heuweg entlang. Uns wurde klar, daß nichts unversucht bleiben würde, um Huchel davon abzubringen, diesen Preis anzunehmen. Am Abend legte ich den Hörer neben die Gabel.

Am nächsten Morgen stand ein Auto vor der Tür. Es war der Chauffeur von Wendt, der einen Brief brachte. Ihm, Wendt, sei gerade eingefallen, daß Huchel ja keinen Wagen habe, deshalb schicke er ihm den Chauffeur, der ihn in die Kreisparteistelle bringen würde, um noch einmal über die Preisangelegenheit zu sprechen. Huchel war immer noch in Caputh. Der Chauffeur fuhr wieder ab. Am folgenden Tag saßen wir beim Frühstück. Das Dienstmädchen, das wir damals noch hatten, kam herein und sagte: »Da steht ein Herr vor der Tür.« Aber der Herr stand schon mitten im Flur, und es war Alfred Kurella: »So geht das nicht, Huchel, Sie waren immer ein guter Antifaschist, und wir hätten uns entsetzlich in Ihnen getäuscht, wenn Sie diesen Preis annehmen würden...« Huchel ließ Kurella im Flur stehen. Kurella drohte: Er habe schon manchen aus falschem Stolz in den Tod gehen sehen, und verschwand. Wenig später kam sein Chauffeur zurück – nun auch mit einem Brief: »Auf der langen Rückfahrt kam ich nicht von folgendem Gedanken los: Mit Ihrer bisher wiederholt bewiesenen Stellung zu unserer Republik und zu einem antifaschistischen Deutschland müssen Sie doch verstehen, daß durch die Veranstaltung des Westberliner Senats ein neues Faktum entstanden ist, das Sie nicht hinnehmen können...«

Huchel reagierte nicht auf diesen Brief. Heinrich Böll hatte den Preis bereits in seinem Namen entgegengenommen. Von nun an stand ein Spitzel von der Staatssicherheit vor der Tür, der immer, wenn er eine Autonummer notierte, an seinem Kopierstift leckte. »Einer ging hinter uns«, sagt Huchel in »Hubertusweg«, »wir sprachen vom Wetter.«

So wird es jetzt weitergehen, dachte ich, bis ans Ende meines Lebens. Ich hatte mir ausgerechnet: Huchel bekam noch die sogenannte Aufwandsentschädigung der Akademie und eine winzige Rente. Mir hatte man wegen eines Problems mit der Schilddrüse eine Invalidenrente von zweihundertzehn Mark zugesprochen. Wir besaßen das Haus. Auf einem Sparkonto lagen fünfundvierzigtausend Mark. Dazu kamen die Einnahmen aus den Übersetzungen. Ich habe sehr viel aus dem Russischen übersetzt. Von dem, was zusammenkam, konnten wir leben. Wir brauchten nicht viel.

Jetzt lebten wir in Wilhelmshorst wie im Exil. Die Post wurde zensiert. Das meiste kam gar nicht an. Wer einen westdeutschen Paß hatte, konnte uns besuchen, weil Wilhelmshorst zu Potsdam gehörte. Mit den West-Berlinern trafen wir uns am Bahnhof Friedrichstraße. Katja und Klaus Wagenbach nahmen Huchels Gedichte mit nach draußen. Sie wurden im Westen publiziert. Es kamen Ludvík Kundera und hin und wieder Jan und Annette Nilsen, zwei norwegische Volkshochschullehrer, die ihre Schüler mitbrachten. Manchmal kamen heimlich Oststudenten und auch der Lyriker Uwe Grüning, der stundenlang mit Huchel über seine Gedichte sprach. Janka, der aus dem Gefängnis entlassen und bei der DEFA untergeschlupft war, kam oft mit Frau Lotte in einem Auto, was keiner unserer Freunde besaß. Ich hätte das Buch, das Janka jetzt geschrieben hat, gar nicht lesen müssen, so oft hatte er alles erzählt. Ich wußte es und konnte es mir vorstellen. Katja Mann hatte sich nach Jankas Entlassung sehr dafür eingesetzt, daß er in die Schweiz kommen könnte. Aber er blieb, wo er war, und wartete dreißig Jahre auf seine Rehabilitierung. Es war nicht so, daß wir völlig isoliert waren, aber wenn man die Besuche auf neun Jahre verteilt, ist es fast nichts. Es gab auch viele, die nicht mehr den Mut hatten, zu uns zu kommen.

Huchel, der sich sechzig Jahre seines Lebens frei bewegt hatte und nie bereit gewesen war, einem Menschen über seine Schritte Rechenschaft abzulegen, litt unter dem Eingeschlossensein und der andauernden Kontrolle. Für mich – ich muß es sagen – war es auch eine schöne Zeit. Nach vierzehn Jahren Redaktionsarbeit war es angenehm, nicht morgens um neun Uhr am Schreibtisch sitzen zu müssen. Vielleicht richten sich Frauen im Leben einfach besser ein als Männer. Ich habe in meinem Leben immer versucht, aus dem, was war, etwas zu machen, mit dem ich zufrieden sein konnte. Ich habe die Chance genutzt, die in jeder Lebenssituation liegt. Ich bin ein Mensch, der in der Gegenwart lebt. Sie zählt für mich mehr als Vergangenheit und Zukunft. Ich mußte damals nicht leiden, ich habe vieles verdrängen können. Wer nicht verdrängen konnte, war Stephan, der sich täglich in der Schule mit anderen auseinandersetzen mußte. Er stand nicht mehr unter dem Schutz des Nationalpreisträgers. Jetzt hieß es: Dein Vater ist ein Verräter und Volksfeind.

Huchel und ich waren immer sehr aufeinander eingestellt, aber die Art unseres Zusammenlebens veränderte sich in den verschiedenen Phasen unseres Lebens. Die Jahre von 1946-48 waren vielleicht die glücklichsten

Jahre für uns beide gewesen. Dann kam der Aufbau von »Sinn und Form«, eine Zeit äußerst produktiver Zusammenarbeit. Und nun lebten wir in einer Phase, in der jeder wieder intensiv seiner eigenen Arbeit nachging. Ich übersetzte, was mir besser gefiel als Korrekturlesen. Huchel arbeitete an seinen Gedichten und las unendlich viel, immer wieder Augustinus, Pascal und das Alte Testament. Axel Vieregg hat später herausgefunden, daß er sich in den Gedichten aus dieser Zeit mit dem Propheten Jesaja beschäftigt hat. Einerseits war Huchel irritiert, daß er durchschaut worden war, andererseits hat er es bewundert. Er und Vieregg waren von diesem Augenblick an im Gespräch.

Huchel war in tiefer Seele unglücklich, wenn es auch im täglichen Umgang nicht sichtbar war, wie er litt, aber ich spürte es an dem, was er schrieb.

Wir lebten in dem großen Haus sehr getrennt voneinander und trafen uns bei den Mahlzeiten, wo wir über das redeten, was wir taten. Es gab jetzt manchmal auch genügend Muße, daß wir ausführlicher über die Fragen sprechen konnten, die mich beim Übersetzen beschäftigten, und nicht nur über das, was Huchel betraf. Er arbeitete damals an den Gedichten, die 1972 in »Gezählte Tage« erschienen. Ich kannte die Gedichte von den ersten Worten an. Beim Frühstück sagte Huchel mir oft ein paar Zeilen, die ich gleich in die Maschine schrieb. Beim Tee hatten sie sich aber schon wieder in völlig andere Zeilen verwandelt. Ich fragte: »Warum?« und verglich sie mit den Zeilen vom Morgen. Huchel erklärte mir die neue Fassung, hatte aber beim nächsten Frühstück wieder die Zeilen vom Vormorgen in die vom vergangenen Nachmittag eingearbeitet. Nur ein Gedicht, »Ophelia«, das sagte er mir morgens beim Kaffee, und es blieb, wie es war. Vielleicht ist dies mein liebstes Gedicht – aber so etwas weiß ich nie genau.

Ich erinnere mich an lange Diskussionen über eine Stelle in »Hubertusweg«. Es heißt dort: »... der Staat die Hacke, das Volk die Distel...« Ich mochte diese Zeilen nicht, es war mir zuviel, zu deutlich und auch zu unlyrisch. Huchel sagte: »Es muß aber so heißen, um der Geschlossenheit willen.« Ich sagte: »Was soll das, ›der Staat die Hacke, das Volk die Distel‹, darum geht es doch schon die ganze Zeit, das ist doch alles schon gesagt« – und ich finde das auch heute noch.

Von 1963 an haben wir neun Ausreiseanträge gestellt, jedes Jahr einen. Die Anträge mußten an die Akademie der Künste gerichtet werden, und danach haben wir nie wieder etwas von ihnen gehört. 1968, als Huchel fünfundsechzig war und als Rentner hätte reisen dürfen, stellte er den Antrag, für zehn Tage nach West-Berlin fahren zu können. Durch meine Invalidität war ich Frührentnerin und stellte ebenfalls einen Antrag. Wir bekamen Bescheid, daß ich reisen dürfe und Huchel auf Ministerratsbeschluß zu Hause bleiben müsse. Alleine wäre ich nicht gefahren, aber ich machte mir das Vergnügen, zu der Schulung zu gehen, die uns das ideologische Rüstzeug für die Westreise verschaffen sollte, damit wir nicht durch den Sozialismus verunglimpfende Thesen, wie jene, daß es in der DDR keine Regenrinnen gäbe, provoziert würden.

Die Pastorenwitwe Inge Reichenbacher aus Coburg schickte uns schon seit langem Pakete, und ich führte einen lebhaften Briefwechsel mit ihr. Eines Abends, sehr spät, klingelte das Telefon. Am Apparat war eine weibliche Stimme: »Nur ganz kurz zwei Fragen: Will Huchel immer noch ausreisen?« – »Ja.« – »Allein oder mit Familie?« »Mit Familie.« Das war alles. Weg war das Gespräch. Es war die Schwester der Pastorenwitwe. Später erfuhr ich die Zusammenhänge: Die beiden Brüder Tabori hätten während ihres Studiums in Berlin bei ihr gewohnt. George Tabori, der die Umstände unseres Lebens in Wilhelmshorst kannte, habe sie gebeten, dieses Telefongespräch zu führen, da die Zeit für einen Vorstoß aus dem Westen günstig sei und jetzt gehandelt werden müsse. Vorausgegangen war, daß Max Frisch sich eine Genehmigung zum Besuch der Schlösser und Gärten in Potsdam verschafft hatte und nach Wilhelmshorst gekommen war. Huchel gab ihm ein Statement mit: Er wolle aus seinem Leben das machen, wozu jeder Mensch das Recht habe, und er könne es mit seiner Würde nicht mehr vereinbaren, eingesperrt zu sein. Bei Frisch war dieses Statement in guten Händen. Es folgte eine Petition des internationalen PEN an Ulbricht, die gleichzeitig in der »Times« abgedruckt wurde. Die Ära Ulbricht neigte sich dem Ende zu, und vielleicht war es Ulbricht unangenehm, daß der Fall Huchel im Westen solche Kreise zog.

Wir wußten von all dem nichts, bis eines Tages ein Telegramm von der Akademie der Künste kam: »Wir haben mehrfach versucht, Sie telefonisch wegen einer wichtigen Mitteilung zu erreichen. Bitte sagen Sie uns, wann wir Sie aufsuchen können.« Huchel war an wichtigen Mitteilungen der Akademie nicht interessiert und regte sich nicht. Dann kam ein Anruf, sie hätten ein Telegramm geschickt und bäten inständig, daß Huchel sie empfange. Am nächsten Morgen kamen zwei Abgesandte der Akademie. Einer der Abgesandten zog ein Schreiben aus dem Portefeuille, in dem zu lesen stand: »Die Deutsche Demokratische Republik hat Ihrem Ausreiseantrag stattgegeben.« Huchel war plötzlich wie umgewandelt und lud – was ich nun wieder übertrieben fand – die beiden Abgesandten mit erstaunlicher Courtoisie zum Sherry ein und ließ Tee servieren. Es war Januar 1971.

Bis jetzt hatte die DDR nur »stattgegeben«, wann wir ausreisen durften, das blieb offen. Wir mußten alle Formulare noch einmal ausfüllen und einreichen. Ich war auf jeden Fall entschlossen, die Sache voranzutreiben. Von der Akademie wurden wir irgendwann benachrichtigt, daß wir die Pässe beim Innenministerium abholen könnten. Zum Innenministerium gingen wir zusammen, Huchel, Stephan und ich. Man konnte nicht wissen, ob man von dort wiederkommen würde. Uns empfing eine liebenswürdige Polizistin, sie führte uns in ein Zimmer, in dem alle drei Pässe lagen, wir unterschrieben, während sie uns mehrmals von Major Raffé grüßen ließ, der außerordentlich bedaure, Herrn Huchel nicht persönlich begrüßen zu können, da er plötzlich abberufen worden sei. Von Major Raffé hatten wir noch nie etwas gehört.

Huchel hatte inzwischen die Genehmigung bekommen, zweimal nach West-Berlin in die dortige Akademie der Künste zu fahren. Dort traf er Uwe Johnson, der ihm erzählte, daß man für die Ausreise alles aufschreiben müsse, was man mitnähme, und zwar einzeilig mit Schreibmaschine. Wenn da nun stünde: »sieben Paar Socken«, dann müsse man mit der Schreibmaschine die Zeile bis ans Ende mit Sternchen versehen, damit nichts mehr hinzugefügt werden könne. »Das mache ich nicht«, sagte ich, »lieber bleibe ich da.« Ich rief beim Rat der Stadt an und fragte: »Wir haben eine Ausreiseerlaubnis, und ich möchte gerne wissen, wie das vonstatten geht?«

»Wieso können Sie ausreisen?« – »Weil ich die Pässe habe.«–»Das kann gar nicht sein.« Ich eilte mit den Pässen zum Rat der Stadt, irrte durch die Gänge, geriet in ein Zimmer, in dem ein Mann hinter einer Schreibmaschine saß, und sagte: »Ich suche den Mann, der mir eben am Telefon gesagt hat, daß ich keine Pässe haben könne.« Da stand der Mann auf und machte eine Verbeugung: »Ich bitte vielmals um Entschuldigung, der Mann bin ich.« Er führte mich in ein anderes Zimmer, in dem drei Damen an Schreibmaschinen saßen, denen ich jetzt diktieren sollte, was wir mitnehmen wollten. Im Geiste ging ich sechs Zimmer durch: ein Barockschrank, Silber, zwei Schreibmaschinen, soundso viele Bilder, eine Figur – frühes Mittelalter – und die Bücher. Irgendwann fiel mir nichts mehr ein. Die Liste ging zu der nächst höheren Instanz, dem Rat des Bezirks. Einige Tage später klingelte das Telefon. Der Kontaktmann von der Akademie: »Ich habe gerade Ihre Liste bekommen. Da steht, Sie wollen Gemälde in die BRD ausführen. Sind das Originale?« – »Natürlich«, sagte ich, »wir hängen uns keine Kopien an die Wand.« – »Das ist nicht erlaubt.« Ich: »Na gut, ich werde mich mit Major Raffé in Verbindung setzen.« Kurz darauf klingelte wieder das Telefon: »Frau Huchel, ich muß mich sehr entschuldigen. Ich habe ja vorhin nicht einmal ›Guten Morgen‹ gesagt. Das ganze war ein Mißverständnis. Es geht natürlich alles in Ordnung. Nur, wenn ich noch fragen dürfte, Sie sagten Bücher und Manuskripte? Um was für Manuskripte handelt es sich dabei?« – »Um Lyrik natürlich, mein Mann pflegt keine Kochbücher zu schreiben.« Man muß immer anders sein als diese Leute, sonst kommt man nirgendwo durch. Das hatte ich inzwischen gelernt. Ich konnte schließlich noch aushandeln, daß wir keine Bücherkontrolle haben würden, und die Akademie, wenn alles zum Transport bereit stünde, nur noch einen Stempel »Geprüft« darauf drücken würde. Dann begann ich zu packen. Huchel meinte, wir sollten uns doch einen Packer nehmen, aber ich wußte, daß es alles Leute von der Stasi sein würden. Bei der Umzugsfirma brachen sie in Gelächter aus, als ich nach Bücherkisten fragte. So ließ ich die Regale von einem Tischler einfach zunageln, und man konnte sie als Kisten transportieren. Manchmal noch holte ich den Major Raffé aus der Tasche, wenn es nötig war, aber dann war alles soweit. Es war der 27. April geworden.

Morgens um sieben erschien die Zugmaschine der Umzugsfirma mit zwei Anhängern. Die Packer gingen durchs Haus und meinten: »Die alte Truhe da dürfen Sie doch gar nicht mitnehmen.« Meine Tochter hatte ein Frühstück bereitet, und Huchel, der für so etwas eigentlich der unbrauchbarste Mensch war, legte jedem Pakker einen Hundertmarkschein auf den Teller. Es hatte begonnen zu regnen. Auf dem Bahnhof in Potsdam sollte alles in einen alten Waggon geladen werden, durch den das Wasser lief. Die Hundertmarkscheine taten ihre Wirkung. Die Packer luden einen Aluminiumwagen, der noch mit Zuckersäcken gefüllt war, aus. Dann stapelten sie unsere Sachen so ordentlich hinein, daß noch Platz blieb und ein kleiner dicker Kontrolloffizier sich zu dem Satz hinreißen ließ: »Das ist hier ja so schön, da könnte man doch glatt ein Tänzchen wagen.« Durch das »Tänzchen« übersah er, daß Huchel noch einen alten Renaissancestuhl dazugestellt hatte, der gar nicht auf der Liste stand.

Als ich vom Bahnhof nach Hause kam, warteten schon alle Freunde, um sich zu verabschieden. Janka klopfte an sein Glas: »Ich möchte ein paar Worte sagen oder eigentlich nur einen Satz: Wenn ich hier in der DDR zu bestimmen hätte, so einen wie den Huchel hätte ich nie gehen lassen.« Betretenes Schweigen. Uns gefror das Blut in den Adern. Die alte Putzfrau kam und sagte: »Oben an der Straße sammelt sich schon die Stasi.« Wir verteilten uns auf die Autos, ein letztes Mal leckte unser Bewacher an seinem Kopierstift, und wir fuhren davon. Unsere dreizehn Koffer wurden in Potsdam in ein Abteil gepackt, wir sprachen noch über den Trinkspruch von Janka, und der Zug setzte sich in Bewegung. Es war dunkle Nacht, heute vor neunzehn Jahren. Stephan hat diesen Tag immer gefeiert. Ich habe ihn meist vergessen. Aber heute, jetzt erinnere ich mich daran.

Zurück blieb das Haus, in dem ich zwanzig Jahre gelebt hatte, zurück blieben meine beiden erwachsenen Kinder. Meine Tochter habe ich nie wiedergesehen. Sie starb im gleichen Jahr wie Huchel an einer Krankheit, die sie mehr und mehr verwirrte. Einmal soll sie versucht haben, über die Grenze zu kommen. Ich habe dieses Land nie wieder betreten, und ich werde es auch heute nicht tun.

Am nächsten Morgen waren wir in München. Graf Podewils, der Sekretär der Bayerischen Akademie der Schönen Künste, holte uns ab und brachte uns in eine Pension in Schwabing. Huchel hielt sich die Reporter vom Hals, indem er mich sagen ließ: »Mein Mann gibt keine Interviews.« Alle kümmerten sich um uns, und Hans Mayer lud uns ins Hotel Vierjahreszeiten zum Essen ein. Die Akademie sorgte dafür, daß wir bundesdeutsche Ausweise bekamen. Auf einmal erschien uns alles ganz normal, und ich war todmüde.

Wir wollten nach Italien. In der Villa Massimo konnten wir umsonst wohnen. Es gab noch etwas Geld auf einem Konto. Auf Veranlassung von Ignazio Silone und der Tochter von Benedetto Croce bekamen wir eine Zuwendung vom italienischen Staat. Bald wurden Huchel zwei Preise zugesprochen, der Merck-Preis und der Österreichische Staatspreis, der sehr hoch dotiert war. Dazu kam ein Arbeitsstipendium des Berliner Kunstpreises. Von einem Preis kaufte ich Huchel einen pelzgefütterten Mantel, den ich immer noch besitze. Als wir in Rom ankamen, ging ich sofort in einen kleinen Laden an der Via Nomentana und holte für unser erstes römisches Abendessen Käse, Rotwein und Oliven. Abends gingen wir zur Piazza Bologna und sagten uns immer wieder: Wir sind in Rom.

Huchel ging auf Reisen. Stephan lernte Italienisch, ging zur Römischen Universität und studierte Phönizisch. Ich, da ich jetzt reisen konnte, blieb, wo ich war. Mit Babette, der Frau des Malers Dieter Haak, zog ich auf den Flohmärkten herum und kaufte mir alte Kleider. Wir fuhren zusammen nach Fregene ans Meer. In der Via Brescia lebten Hermann Kesten und seine Frau. Es war ein herrliches Leben. Nicht das Eingesperrtsein, sondern die Freiheit war jetzt das Normale, und ich griff danach, als wäre es schon immer so gewesen. Ich mußte nichts nachholen wie Huchel.

Als wir noch in München waren, hatte mich Graf Podewils gefragt, was wir denn vorhätten, wenn wir aus Italien zurückkämen. Ich sagte, wir haben noch keine Idee, aber Huchel möchte bestimmt in den Norden, weil dort der Himmel weiter ist und die Gegend der märkischen Landschaft seiner Kindheit ähnelt. Es war uns klar, daß wir nicht für immer in Italien würden bleiben können.

Gräfin Dönhoff bot uns an, zu ihrem Vetter auf ein Wasserschloß zu ziehen. Huchel fuhr sogar dorthin, um es sich anzusehen. Der Schloßherr erschien in Jeans und altem Hemd und lud Huchel zum Abendessen ein, welches ein Diener mit weißen Handschuhen servierte. Das Schloß war kalt, feucht und einsam. »Wenn ich wählen könnte«, sagte ich zu Podewils, »würde ich nach Süddeutschland gehen.« – »Das ist kein Problem«, sagte Podewils, »in Staufen bei Freiburg lebt Erhart Kästner, mit dem setze ich mich in Verbindung.« Irgend etwas, dachte ich mir, während wir in Rom blieben, wird schon daraus werden. Nun kannte Anita Kästner den Kunstmäzen Franz Armin Morat, welcher wiederum davon hörte, daß auf dem Bötzen bei Staufen ein Haus frei würde. Dann wurde verhandelt und ein wenig hin und her telefoniert. Morat übernahm die Miete für das Haus. Huchel schenkte ihm eine Beckmann-Zeichnung und widmete ihm sein letztes Buch. Nach einem Jahr reisten wir mit unseren vielen Koffern aus Rom ab, orderten die eingelagerten Möbel aus München und zogen in das Haus am Bötzen bei Staufen. Aber immer, wenn ich den Garten sprengte, schrie der Nachbar von unten: »Sie schwemmen meinen Mutterboden weg!« Und sobald ich mich dem hauseigenen Swimmingpool näherte, näherte sich auch der Nachbar von nebenan und fragte: »Wie geht's?«

Es war nur ein kleines Häuschen, das da in der Biegung des Münstertales lag, ein kleines, flaches Häuschen in einem verwilderten Grundstück. Als Huchel es sah, sagte er: »In dieser Hundehütte soll ich wohnen?« Das Haus gehörte einem pensionierten Schuldirektor, der nach Basel ziehen wollte, um dort mit fünfundsechzig Jahren zu promovieren. Ich kaufte es im Dezember 1974 und begann im Frühjahr mit dem Umbau. Ich ließ das Dach ausbauen und im Parterre eine Wand wegnehmen, damit wir einen großen Wohnraum hätten, in den ein Kamin eingebaut wurde. Während ich mich in dem Haus niederließ, blieb Huchel weiter auf Reisen. Es war, als ob er sich die neun Jahre aus dem Leib reisen müsse. Huchel war ein Gekränkter und hat diese Kränkung nie mehr überwunden. Er hat im wesentlichen nur in diesen letzten Jahren publizieren können und empfand die neun Jahre als gestohlene Zeit. Ich habe mir immer gewünscht, er könne sich auf seine gegenwärtige Situation einlassen, auf das, was jetzt war. Aber er war davon getrieben, sich etwas zurückholen zu müssen, was er aber nie bekam.

Als ich das Haus umbaute, war Huchel in England. Meist wurde er vom Goethe-Institut eingeladen und dann weitergereicht. Er hielt Vorträge und machte Lesungen, ein paar Tage hier, ein paar Tage dort, bis die Reise sich wochen-, ja monatelang hinzog. Bei seiner letzten großen Reise 1977 fuhr er von Mailand über Triest und Venedig bis Palermo. Er hat auf diesen Reisen nicht gearbeitet, das konnte er nur, wenn ich erreichbar war und alles niederschrieb, was in seinem Kopf entstanden war. In den letzten Jahren habe ich nur noch für ihn gearbeitet, ich tippte sämtliche Gedichtentwürfe und heftete sie mit dem Datum der Entstehung ab. Ich erledigte die Korrespondenz für Huchel, der unendlich viele Briefe bekam. Es war ein voller Arbeitstag. Das Übersetzen hatte ich schon in Italien aufgegeben, und das Russische war zugunsten des Italienischen verschwunden. So leise, wie es gekommen war, so leise entglitt es mir auch wieder.

1977 hatte der Hamburger Senat an Huchel ein Stipendium vergeben, was bedeutete, daß Huchel ein halbes

Jahr in Hamburg leben und arbeiten sollte. Kipphardt und Serra waren zur gleichen Zeit dort. Ich habe mit dem Senat gerungen, ob Huchel, der unfähig war, für sich zu sorgen, nicht in ein kleines Hotel gehen könne, wo er ein Frühstück bekäme und sein Zimmer aufgeräumt würde. Huchel liebte so etwas, aber der Hamburger Senat hatte nun einmal diese Wohnungen für Künstler gekauft und vergab das Stipendium nur, wenn man auch dort lebte.

Am nächsten Morgen mußte sich Huchel auf den Weg nach Hamburg machen, vorher aber noch an der Jahrestagung des Ordens Pour le Mérite in Celle teilnehmen und schließlich den Europalia-Preis in Brüssel entgegennehmen.

Für Brüssel hatte Huchel noch keine Dankesrede vorbereitet. In der Eile setzte ich mich hin und arbeitete die Rede um, die er 1974 gehalten hatte, als er den Literaturpreis der Deutschen Freimaurer bekommen hatte. Gleichzeitig mußte er das Manuskript für seinen letzten Gedichtband »Die neunte Stunde« abgeben, und er zögerte es, wie immer, bis zum letzten Moment hinaus. Er saß an dem Gedicht »Im Kun-lun-Gebirge«. Es gab unendlich viele Fassungen, die ich mit Durchschlägen getippt und in verschiedene Mappen gelegt hatte. Huchel hatte immer den ersten Durchschlag bekommen, ich den zweiten Durchschlag, und das Original lag unbenutzt in einer dritten Mappe. Ich hatte die Korrekturen auf den Durchschlag in meiner Mappe übertragen, und Huchel arbeitete an seiner Fassung weiter. So hatte sich aus dem Wechselgesang zwischen den Variationen allmählich die letzte Form herausgearbeitet. Das Manuskript der »Neunten Stunde« war fertig geworden. Es war später Nachmittag, ich brachte es zur Post. Als ich wieder nach Hause kam, saß Huchel in seinem Zimmer und starrte ratlos auf eine Kopie des Manuskriptes, das ich gerade weggeschickt hatte. Er hatte den Band so konzipiert, daß nach sechs Gedichten jeweils eine Leerseite folgen sollte. Ich hatte ihm diese Leerseite hineingelegt. Jetzt aber saß er in seinem Sessel und sagte: »Das ist ja so schlecht getippt, daß man gar nichts mehr lesen kann.« Er starrte auf die leere Seite und suchte nach dem Text. Da begriff ich, daß dies der Beginn des Endes war.

Wir hatten ausgemacht, daß ich ihn jeden Sonntag und jeden Mittwoch gegen sechs Uhr abends in Hamburg anrufen würde. Schon beim zweiten Gespräch sagte er: »Ich verstehe nicht, daß du mich morgens um sechs Uhr weckst.« Ich rief einen Freund in Unna an, der Neurologe war. »Das muß ich sehen«, sagte er und fuhr nach Hamburg. Er versuchte es einen ganzen Tag lang. Er übernachtete in Hamburg und versuchte es am nächsten Tag wieder, aber Huchel öffnete nicht die Tür. Der Freund reiste wieder ab. Huchel schickte mir noch vier Gedichte, die ich abtippen sollte, und schrieb: »Neig Deinen Nacken und lies mit Nachsicht die Verse eines Heimatlosen.«

»Im Kalmusgeruch dänischer Weiden
liegt immer noch Hamlet
und starrt in sein weißes Gesicht,
das im Wassergraben leuchtet.
Das letzte Wort
blieb ungesagt,
es schwamm auf dem Rücken der Biber fort.
Keiner weiß das Geheimnis,
Ophelia.«

Am Rand hatte er mich gefragt, ob der Biber Singular oder Plural sein sollte, und »Ophelia«, schrieb er, sollte ich streichen.

Huchel kam früher aus Hamburg zurück. Er nahm den Weg über Düsseldorf, wo er auf einem Heine-Symposium eine Rede hielt. In einer rheinischen Zeitung las ich, daß Huchel äußerst interessant über Friedrich den Großen gesprochen habe – von Heine war nicht die Rede. Man konnte bei Huchel nicht immer unterscheiden, was innere Abwesenheit oder was ein Spiel war. Später, in der Neurologie, stellte man fest, daß er in Hamburg einen Hirninfarkt erlitten hatte.

Das Sterben dauerte ein und ein halbes Jahr. Es war der langsame und furchtbare Zerfall eines schönen, bedeutenden Menschen. Alle Nerven waren geschädigt. Es waren eineinhalb Jahre, in denen ich manchmal in den Garten lief und rief: »O Gott, laß ihn sterben!« Kurz vor seinem Tod, am Tag seines Geburtstages, gab es im Rundfunk eine Sendung mit seinen Gedichten. Er hörte zu wie im Schlaf und sagte nur in einem kurzen Augenblick des Wachseins: »Schlecht gelesen.« Manchmal ruhten seine Augen auf mir. Ich war tagelang davon angerührt und dachte darüber nach, was in diesem Blick verborgen war. Ein wenig Trauer, ein wenig Verlorenheit – das blieb von ihm, als sonst nichts mehr war. Er war in ein tiefes Schweigen gefallen. Es war ein langer, zu langer Abschied.

Huchel starb am dreißigsten April 1981 gegen zehn Uhr abends. Neben seinem Kissen saß Minouche, die alte Katze, die ich vor Jahren halb verhungert im Wald gefunden hatte. Sie blieb bei ihm bis zum Ende. Sein Atem wurde schwer. Dann hörte er auf. Huchel war tot.

In seinem letzten Gedicht hatte er geschrieben:
»Jahreszeiten, Mißgeschicke, Nekrologe –
unbekümmert geht der Fremde davon.«

Das Leben mit Huchel hätte ich jederzeit wieder gelebt. Ich bewunderte ihn. Ob dies etwas anderes als Liebe ist – ich weiß es nicht. Wie er zu mir stand, das habe ich nie gefragt. Es war mein Gefühl, was für mich zählte. Seine Antwort lag in vierunddreißig Jahren, die wir miteinander teilten. Es war für mich kein Preisgeben. Selbst wenn ich all die Arbeit der Frau eines Schriftstellers gemacht habe, habe ich mich nicht als Schriftstellerfrau gefühlt. Vielleicht ist das etwas sehr Widersprüchliches in mir gewesen, denn ich habe mich immer als unabhängigen und selbständigen Menschen neben Huchel begriffen. Auch aus diesem Grund bin ich nicht mit ihm auf Reisen gegangen, wenn er Preise entgegennahm und gefeiert wurde. Ich wollte kein Anhängsel sein, und in der Öffentlichkeit gibt es keinen Raum neben einem solchen Mann. Trotzdem habe ich mich Huchel in einem Maße untergeordnet, daß mich nur mein fast schon übersteigertes Selbstbewußtsein davor geschützt hat, mich dabei zu verlieren. Ich weiß keine Antwort darauf, warum ich es tat. Ich weiß nur, daß ich es für keinen anderen Menschen getan hätte. Es war so wie es war – es gibt eben Rätsel zwischen den Menschen.

Nach Huchels Tod hatte ich viel Zeit. Schon als wir noch in Wilhelmshorst wohnten, hatte ich mir über die vielen Katzen, die immer in unserem Hause lebten, Notizen gemacht. Ich hatte alles, was ihre Nahrung betraf, aufgeschrieben. Man muß ja wissen, daß es in der DDR kein Katzenfutter gab, und ich hatte Rezepte aus Fisch und Haferflocken entwickelt, die meine Katzen mit Begeisterung aßen. Es gab in der DDR auch keine Impfungen, und so habe ich auch alles aufgeschrieben, was ich tat, wenn die Katzen krank wurden. Ich habe ihre Eigenheiten notiert, ihren unüberwindlichen Individualismus, ihre Kompromißlosigkeit. Eine Katze bleibt immer fremd. Sie sind wie ich, dachte ich manchmal, denn zwischen mir und den Menschen gibt es immer noch eine Entfernung, die ich nie aufgebe. Ich halte mich abseits wie die eine Katze, die vor Jahren immer hinten im Garten herumstrich und die Stephan und ich die Streifenkatze genannt haben. Wir hatten sie aus dem Fenster beobachtet. Es war Winter, und ich stellte ihr jeden Abend ein warmes Essen hin. Sie war eine ungeheuer menschenscheue Katze. Ihr Bäuchlein wurde dikker, und eines Tages war sie wieder schlank, aber nie sah ich ein Junges. Sie sah ganz verhungert aus, und ich ließ sie mit einer komplizierten Falle von einem Katzeninstitut einfangen, aufpäppeln und sterilisieren. Dann ließ ich sie frei und stellte ihr wieder Essen hin. Wieder kam ein kalter Winter, und im Frühjahr schlich sie nachts ins Haus. Es dauerte noch ein Jahr, bis ich sie ganz zart und vorsichtig anfassen konnte. Dann machte ich ihr einen kleinen Korb. Es war einer der glücklichsten Augenblicke meines Lebens. Ich hatte hin und wieder Stephan etwas aus meinen Notizen vorgelesen. 1985 erschienen diese Erinnerungen an die vielen Katzen meines Lebens als Buch im Insel-Verlag.

Huchel hatte in den letzten Jahren seines Lebens die Legende in die Welt gesetzt, er müsse Lesungen machen, um seine Rente aufzubessern. Wer Lyrik schreibt, hatte er immer gesagt, braucht einen Brotberuf. Da er diesen Brotberuf nicht mehr hatte, folgte er dem Bild des verarmten Dichters, und ich glaube, es gefiel ihm so. Aber Huchel hatte sich in unserem gemeinsamen Leben niemals um Geld gekümmert. Es interessierte ihn nicht. Alle Preise, die er bekommen hatte, waren gut angelegt, und das Geld vermehrte sich. Wir haben immer sehr wenig davon gebraucht. Mein einziger Luxus sind auch heute noch meine Zigaretten. Stephan, der überhaupt kein Interesse an Materiellem hatte, hätte von diesem Geld gut leben können. So bescheiden, wie er war, hätte es für immer gereicht. Wie hätte er gelebt? Er wäre weiter zu seinen Biotopen gegangen. Im Frühling hätte er, wie in jedem Jahr, die Frösche auf der Landstraße eingesammelt. Er hätte seine Gutachten geschrieben und weiter auf seine Weise gegen das Leiden der Kreatur gekämpft. Er wäre den ganzen Tag tätig gewesen. Nicht berufstätig, das war nicht seine Sache, aber tätig für das, was seine Aufgabe in dieser Welt war – sich auf die Seite der Schutzlosigkeit zu stellen, wie Huchel es in dem Gedicht »Der Garten des Theophrast« ahnend vorausgesehen hatte. Stephan war noch ein Kind, als Huchel ihm diese Verse widmete, aber er wurde ein Gärtner im Sinne dieser Zeilen, in denen der Garten die Metapher für die Welt ist. Stephan war bereit für ein langes Leben. Er hatte Zeit. Der Tod brach ein in ein Dasein, in dem es keine Eile gab. Er hat sich nicht zu erkennen gegeben. Es war wie alle Tage. Es war ein ganz normaler Tag.

Jetzt werde ich dieses Haus nicht mehr verlassen, nicht mehr diesen Garten, den Stephan angelegt hat. Wieviel Zeit mir noch bleibt, weiß ich nicht. Ich werde mit meinen Katzen weiterleben, und ich werde die eine und einzige Frage, die mich quält, nicht beantworten können. Warum?

Die Mutter,
Elisabeth Rosenthal,
geb. Van Daamen

Der Vater:
Otto Rosenthal

Monica Huchel
als Kind

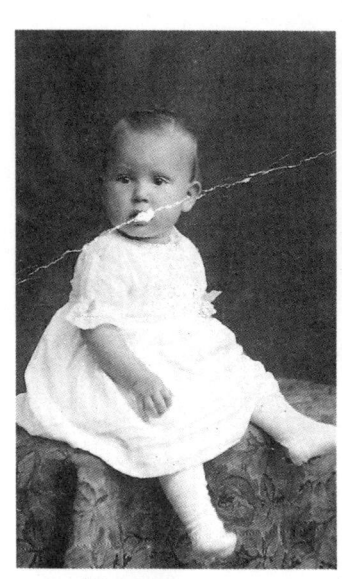

Monica Huchel,
1937

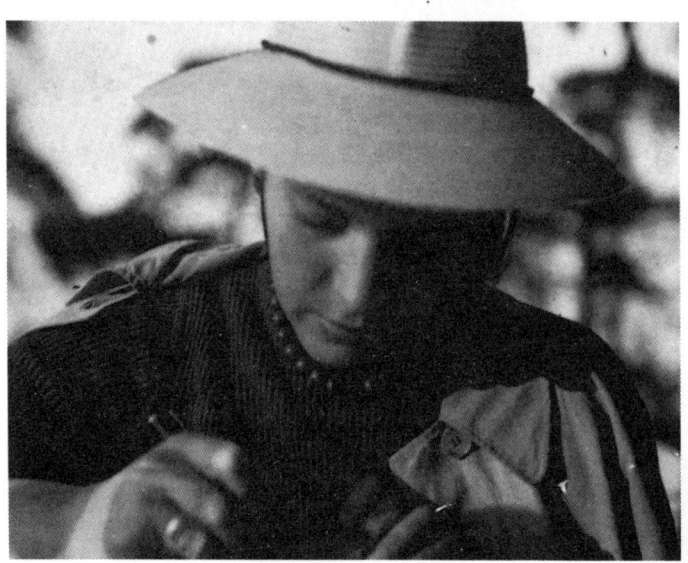

Mit ihren
Kindern
Eva Catharina und
Roger, 1943

1937

Peter Huchel
und Monica Huchel
mit Sohn
Stephan, 1949

Peter Huchel
mit Stephan Huchel,
Bulgarien 1955

Wohnhaus in
Wilhelmshorst

Peter Huchel,
fünfziger Jahre

Peter Huchel, 1964

Monica Huchel in den fünfziger Jahren

Peter und Monica Huchel, 1973, 70. Geburtstag von Peter Huchel

Wohnhaus in Staufen im Breisgau, im Vordergrund: Stephan Huchel

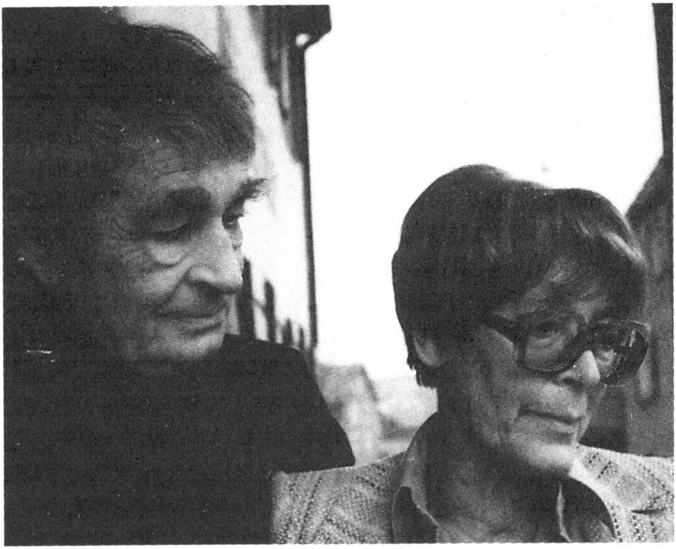

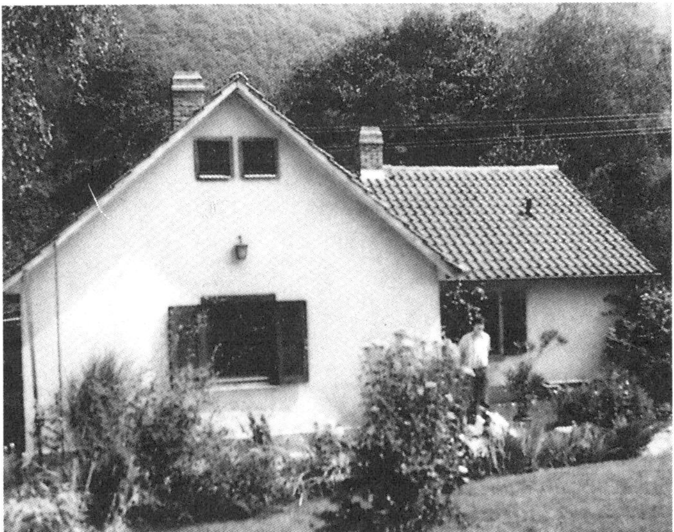

*Anhang*

# *Biographische Daten*

*Lotte Fürnberg*

| | |
|---|---|
| 1911 | Lotte Wertheimer am 26. Januar in Prag geboren. Eltern: Annie Wertheimer, geb. Pfefferkorn, und Hugo Wertheimer, Spiritus- und Essigfabrikant. |
| 1923–29 | Besuch des Mädchen-Reform-Real-Gymnasiums in Prag. |
| 1931–34 | Arbeit im Büro des Vaters. |
| 1934 | Reise durch die Sowjetunion. |
| 1934–35 | Besuch einer Bibliothekarsfachschule. |
| 1935–38 | Arbeit in der Zentralen Wanderbücherei des Schulministeriums in Prag. |
| 1936 | Begegnung mit Louis Fürnberg. |
| 1937 | Am 30. November Heirat mit Louis Fürnberg. |
| 1938 | Ende September Münchner Abkommen; Besetzung des Sudetenlandes. Lotte Fürnberg wird entlassen. |
| 1939 | Am 15. März wird Prag von der deutschen Wehrmacht besetzt. Bei dem Versuch, die Tschechoslowakei über Polen zu verlassen, werden Lotte und Louis Fürnberg verhaftet. Lotte Fürnberg wird nach sechs Wochen nach Polen abgeschoben und geht von dort mit einem Transport nach England. Louis Fürnberg überlebt dreizehn deutsche Gefängnisse. Das Paar trifft sich in Rom wieder. |

| | |
|---|---|
| 1940 | Ausreise nach Jugoslawien. Am 3. Dezember wird Sohn Miša geboren. |
| 1941 | Im April fällt die deutsche Wehrmacht in Jugoslawien ein. Lotte und Louis Fürnberg fliehen mit dem Kind über Griechenland und die Türkei nach Palästina. Sie bleiben in Jerusalem bis 1946. |
| 1946 | Rückkehr über das Lager El Shatt in der Wüste Sinai, Ankunft in Prag am 13. Mai. |
| 1947–50 | Arbeit als Rundfunkredakteurin in Prag. |
| 1947 | Geburt der Tochter Alena. |
| 1949–52 | Aufenthalt in Berlin während Fürnbergs diplomatischer Tätigkeit. Lotte Fürnberg übersetzt und macht Reportagen für den Prager Rundfunk. |
| 1952 | Während der Slánský-Prozesse Abberufung Fürnbergs aus Berlin, Rückkehr nach Prag. |
| 1954 | Endgültige Übersiedlung von Prag nach Weimar. |
| 1957 | Am 23. Juni stirbt Louis Fürnberg in Weimar. |
| 1957 bis heute | Betreuung sämtlicher Editionen von Fürnbergs Werken im Fürnberg-Archiv in Weimar. |
| 1966 | Mit Eberhard Rebling Herausgabe des musikalischen Werkes von Louis Fürnberg. |
| 1966–86 | Reisen durch die Sowjetunion (Krim, Armenien, Georgien, Sibirien, Kasachstan). |
| 1973–87 | Reisen nach England. |
| 1985 | Reise nach Jugoslawien. |
| 1986 | Mitherausgabe der zweibändigen Briefausgabe Fürnbergs mit umfangreichen Recherchen. |
| 1991 | Herzinfarkt und längere Krankenhausaufenthalte. |

*Louis Fürnberg*

| | |
|---|---|
| 1909 | Louis Fürnberg am 24. Mai in Iglau/Mähren als Sohn eines kleinen Kaufmanns geboren. Die Mutter stirbt kurz nach der Geburt. Kindheit und Jugend in Karlsbad. |
| 1919–25 | Besuch des Gymnasiums; in dieser Zeit Eintritt in die Sozialistische Jugend. |
| 1925–26 | Lehrling in einer Porzellanfabrik; Fachschulbesuch. Erkrankung an Tbc. Besuch der Handelsschule in Prag. Erste Gedichte. |
| 1928 | Eintritt in die Kommunistische Partei der Tschechoslowakei. |
| 1929–39 | Arbeit für die kommunistische Presse, Mitredakteur der »Arbeiter-Illustrierte-Zeitung« und des »Gegen-Angriff«. |
| 1932 | Gründung der Agitproptruppe »Echo von links«. |
| 1933 | Mit der Truppe in Paris und Moskau. |
| 1936–37 | Mit Kuba Leitung der Truppe »Das neue Leben«. |
| 1937 | Heirat mit Lotte Wertheimer. Bis 1939 ständiger Wohnsitz Prag. |
| 1939 | »Fest des Lebens« erscheint in der Schweiz. |
| 1939 | Nach der Okkupation durch die deutsche Wehrmacht Illegalität. Beim Versuch, die polnische Grenze zu überschreiten, im April Verhaftung. In einem der dreizehn Gefängnisse fast taub geschlagen. Im August Freilassung. |
| 1940 | Über Italien, Jugoslawien, Griechenland und die Türkei nach Palästina in die Emigration. Sohn Miša geboren. |
| 1941–46 | Exil in Jerusalem. |
| 1946 | Rückkehr über El Shatt (Wüste Sinai) in die Tschechoslowakei. |

| | |
|---|---|
| 1946–49 | Prager Korrespondent für kommunistische Zeitungen des Auslands. |
| 1947 | Tochter Alena geboren. |
| 1948 | Mitarbeiter des tschechoslowakischen Ministeriums für Information. |
| 1949–52 | Erster Botschaftsrat der diplomatischen Mission der Tschechoslowakei in Berlin. |
| 1953–54 | Leiter der Abteilung für kulturelle Betreuung anderssprachiger nationaler Gruppen im Schulministerium in Prag. |
| 1954 | Übersiedlung nach Weimar. Stellvertretender Direktor der Nationalen Forschungs- und Gedenkstätten für klassische deutsche Literatur. |
| 1955 | Mitglied der Deutschen Akademie der Künste. Mit H. G. Thalheim Gründer der Zeitschrift »Weimarer Beiträge. Zeitschrift für deutsche Literaturgeschichte«. |
| 1956 | Auszeichnung mit dem Nationalpreis. Wahl in den Vorstand des Deutschen Schriftstellerverbandes. |
| 1957 | Louis Fürnberg stirbt am 23. Juni in Weimar. |

*Monica Huchel*

| | |
|---|---|
| 1914 | Nora Monica Rosenthal am 23. Juli in Essen geboren. Eltern: Elisabeth Rosenthal, geb. Van Daamen, und Otto Rosenthal; beide Eltern Lehrer. Wenige Wochen später Tod des Vaters im Ersten Weltkrieg. |
| 1921–34 | Schulzeit in Düsseldorf: Volksschule, Augusta-Viktoria-Lyzeum, Luisenschule, Studienanstalt. |
| 1935–38 | Ausbildung zur med.-techn. Assistentin an der Frauenklinik Luisenkrankenhaus, Düsseldorf; Staatsexamen. |
| 1938 | Berlin. Heirat mit Fritz Paul Melis, Bildhauer, Berlin. |
| 1939 | Geburt der Tochter Eva Catharina Melis, Berlin. |
| 1940 | Geburt des Sohnes Roger Melis, Berlin. |
| 1945 | Freischaffende Journalistin für Theater, Film und Funk im Feuilleton der »Deutschen Volkszeitung«, Berlin. |
| 1946 | Bekanntschaft mit Peter Huchel anläßlich einer Theaterreise für Journalisten durch Mecklenburg-Vorpommern. |
| 1947 | Scheidung von Fritz Paul Melis. |
| 1949 | Redakteurin bei der Literaturzeitschrift »Sinn und Form«. Geburt des Sohnes Stephan, Berlin. |
| 1953 | Im April Heirat mit Peter Huchel. Erste Übersetzungen aus dem Russischen. |
| 1962 | Rücktritt als Redakteurin anläßlich der Absetzung Peter Huchels als Chefredakteur bei »Sinn und Form«. |

| | |
|---|---|
| 1963–71 | Übersetzerin aus dem Russischen für mehrere Verlage. |
| 1971 | Ausreise der Familie Huchel aus der DDR. |
| 1971 | Ein Jahr Aufenthalt der Familie in der Villa Massimo in Rom. |
| 1972 | Umzug nach Staufen im Breisgau. |
| 1981 | Am 7. Januar stirbt die Tochter Eva Catharina Melis in Herrmannswerder bei Potsdam. Am 30. April stirbt Peter Huchel in seinem Haus in Staufen. |
| 1985 | »Fürst Myschkin und die anderen. Ein Katzen-Brevier« erscheint als Insel-Taschenbuch. |

*Peter Huchel*

| | |
|---|---|
| 1903 | Peter Huchel (Taufname Helmut) am 3. April in Berlin-Lichterfelde geboren. Der Vater ist Beamter im Preußischen Kulturministerium. |
| 1907 | Wegen Lungenerkrankung der Mutter kommt Huchel auf den Hof des Großvaters in Alt-Langerwisch bei Potsdam. |
| 1918 | Erste Gedichte. |
| 1923 | Abitur in Potsdam. |
| 1923–26 | Studium der Literatur und Philosophie in Berlin, Freiburg und Wien. |
| 1926–28 | Aufenthalt in Frankreich; Gelegenheitsarbeiten, u. a. Übersetzungen für die »Vossische Zeitung«. |
| 1929–31 | Reisen nach Ungarn, Rumänien, Türkei. |
| 1930 | Erste Heirat. Veröffentlichungen von Gedichten in »Die literarische Welt« (Hg. Willy Haas) und in der »Vossischen Zeitung«. |

| | |
|---|---|
| 1932 | Der erste Sammelband »Der Knabenteich« liegt druckfertig im Jess Verlag, Dresden. |
| 1933 | zieht Huchel die Veröffentlichung von »Der Knabenteich« zurück. |
| 1934–40 | Huchel lebt in Michendorf bei Potsdam; schreibt zahlreiche Hörspiele. |
| 1941–45 | Soldat, 1945 russische Gefangenschaft. |
| 1946–49 | Sendeleiter, später Künstlerischer Direktor des Berliner Rundfunks. |
| Ab 1946 | lebt Huchel mit Monica Melis, geb. Rosenthal. |
| 1948 | »Gedichte«, Aufbau-Verlag. |
| 1949 | Mitglied des PEN-Clubs. Geburt des Sohnes Stephan. |
| 1949–62 | Chefredakteur von »Sinn und Form«. Umzug nach Wilhelmshorst bei Potsdam. |
| 1951 | Nationalpreis der DDR (III. Klasse). |
| 1952 | Mitglied der Deutschen Akademie der Künste. |
| 1953 | Heirat mit Monica Melis. Reise in die Sowjetunion. Erste Kündigung als Chefredakteur von »Sinn und Form« wird von Johannes R. Becher nach Intervention von Brecht zurückgezogen. |
| 1962 | Absetzung Huchels als Chefredakteur von »Sinn und Form«. |
| 1963 | Fontane-Preis (West-Berlin). Von da an Isolation und Überwachung in Wilhelmshorst. »Chausseen Chausseen«, Gedichte, S. Fischer Verlag. |
| 1967 | »Sternenreuse«, Gedichte, Piper. |
| 1970 | Mitglied der Bayerischen Akademie der Künste. |
| 1971 | Ausreise aus der DDR. Ehrengast der Villa Massimo in Rom. |

| Ab 1971 | zahlreiche Preise, Stipendien und Ehrungen. Reisen nach Belgien, England, Holland, Italien, Norwegen, Österreich und in die Schweiz. |
|---|---|
| 1972 | Übersiedlung nach Staufen bei Freiburg. »Gezählte Tage«, Gedichte, Suhrkamp. |
| 1979 | »Die neunte Stunde«, Gedichte, Suhrkamp. |
| 1981 | Peter Huchel stirbt am 30. April in Staufen. |

# *Anmerkungen*

Seite 12  *Gründung der Tschechoslowakei:* Während des Ersten Weltkriegs richteten T. G. Masaryk und E. Benĕsch in Paris einen tschechoslowakischen Nationalrat ein. Nach dem Zusammenbruch der Österreichisch-Ungarischen Monarchie wurde am 28. 10. 1918 in Prag die Unabhängigkeit ausgerufen. Masaryk wurde Präsident.

Seite 13  Die *Freimaurerei* besitzt keine weltweite zusammenhängende Organisation. Die Logen sind innerhalb eines Staates in einem oder mehreren Bünden zusammengeschlossen. Die Mitglieder einer Loge wählen in freier Wahl ihren Vorsitzenden, den *Meister vom Stuhl.*

Seite 17  *Lieder von Louis Fürnberg*: Louis Fürnberg hat die Noten zu seinen Songs und Liedern selten notiert, und wenn, verschenkte er sie oft und sammelte sie kaum. Als in den 60er Jahren sein musikalisches Werk von Eberhard Rebling herausgegeben wurde, mußte man die Musik, von der es Mitschnitte gab, überspielen und sie dann in Noten übertragen.

*»Die Weltbühne«:* Zeitschrift für Politik, Kunst und Wirtschaft, Sprachrohr der unabhängigen Linken, ursprünglich als Theaterzeitschrift

»Schaubühne« von S. Jakobsohn gegründet und 1918 in »Die Weltbühne« umbenannt. 1933 im Prager Exil als »Die Neue Weltbühne« weitergeführt. Seit 1946 in Ost-Berlin herausgegeben. Existiert heute noch.

Seite 20 *Litauen, Estland und Lettland* waren zu dieser Zeit (1932) unabhängige Republiken.

Seite 21 Franz Kafkas Schwester Gabriele wurde *Elli* genannt.

Seite 25 *Besprisornyje:* entwurzelte Jugendliche in der UdSSR. A. S. Makarenko (1888–1939) entwikkelte in seinem Buch »Der Weg ins Leben« ein Konzept zur sozialen Integration dieser Jugendlichen in Kollektive.

*Schutzbündler:* Vom 11.–16. Februar 1934 gab es in Wien und anderen Städten blutige Straßenkämpfe zwischen dem »Republikanischen Schutzbund« und der Regierung. Anschließend wurden die Sozialisten verboten.

Seite 26 *Isaak Babel* wurde 1939 verhaftet und in einem geheimen Prozeß am 26. Januar 1940 zum Tode verurteilt. Am nächsten Tag wurde er erschossen. Über zehn Jahre lang wurde seiner Witwe vorgetäuscht, daß er in einem Lager noch am Leben sei. Immer wieder tauchten bei ihr Leute auf, die ihn angeblich gerade gesehen hatten, bis sie in den 50er Jahren erfuhr, daß er längst tot war.

Seite 27 *»Echo von links«:* »... Die Truppe zieht von Ort zu Ort, um dort ihre Szenen vorzuführen. Als Entgelt erhalten sie meistens freies Quartier und einen kleinen Betrag als Wegzehrung bzw. Reisespesen. Die Veranstalter selbst haben gleichzeitig die Möglichkeit, neue Mittel für sich oder andere proletarische Zwecke zu sammeln: häufig wird auch der Reingewinn zur Unterstützung von politischen Gefangenen und deren Angehörigen verwendet.

Eine solche Revue setzt sich aus verschiedenen Bildern zusammen: es werden abwechselnd Lieder gesungen, Szenen aus Arbeitsstätten, Versammlungen und ähnliches vorgetragen, die in den meisten Fällen keinerlei Ausstattung benötigen. Hier liegt wohl der Grundunterschied dem bürgerlichen Theater gegenüber. Das bürgerliche Theater dient heute der herrschenden Klasse und einer kleinen Schicht von reichen Bourgeois, die ins Theater gehen, um zu lachen und sich zu unterhalten, es dient vor allem der bürgerlichen Kultur und damit dem heutigen herrschenden System. Der Arbeiter, der sich so eine Agitproptruppe ansieht, weiß, daß er dort etwas lernen kann und zieht dann auch die notwendigen Konsequenzen.

In nächster Zeit wird eine der wenigen Truppen, die es in den deutschen Teilen der Tschechoslowakei gibt, die Agitproptruppe ›Echo von links‹ Karlsbad, in einigen größeren Orten in Nordböhmen auftreten. Es ist dies eine Truppe, die ausschließlich im Kollektiv arbeitet.« (Aus: »Welt am Sonntag«, 4. 12. 1932)

Seite 27 *Mein früher Tod*

> *Mein früher Tod geht neben mir*
> *mein brüderlicher Schatten*
> *und lach ich, lacht er neben mir*
> *und wein ich, lacht er neben mir*
> *mein früher Tod geht neben mir*
> *mein brüderlicher Schatten.*

S. 39, 40 Das Grenzgebiet zwischen der Tschechoslowakei und Polen um *Teschen* war erst kurz zuvor von den Polen besetzt worden (Okt. 1938).

Seite 41 *Max Hölz* war ab 1919 Mitglied der KPD. Nach dem Kapp-Putsch 1920 baute er eine Rote Armee auf und war der berühmte Anführer des Mitteldeutschen Aufstands der frühen zwanziger Jahre, in denen Großgrundbesitzer enteignet wurden. Er wurde gefangengenommen und zu einer lebenslangen Zuchthausstrafe verurteilt. Schriftsteller und Journalisten wie Thomas Mann und Egon Erwin Kisch setzten sich für seine Freilassung ein. 1928 wurde er aus dem Zuchthaus Sonnenburg entlassen und ging 1929 in die Sowjetunion. 1933 ertrank er in der Nähe von Gorki. Die Zeit als Anführer des Mitteldeutschen Aufstands hat er 1929 in seinem Buch »Vom weißen Kreuz zur roten Fahne« beschrieben. Es wurde in den sechziger Jahren im Verlag Neue Kritik neu aufgelegt.

*Jan Masaryk* war der Sohn des früheren Präsidenten T. G. Masaryk. Er wurde 1946 Außenminister der Tschechoslowakei, kam 1948 unter ungeklärten Umständen ums Leben.

Seite 43 Auf der *Schiffskarte nach Shanghai* gab es keinen Hinweis auf die Stornierung, so daß die Gestapo die Karte für gültig hielt und Häftlinge damit freiließ. *Curt Ponger*, der Mann von der Austrian Self-Aid konnte auf diese Weise etwa sechzig Menschen das Leben retten. Er selbst war in Buchenwald gewesen und mit einem Affidavit 1938 nach England gekommen. Mit den Alliierten Truppen kehrte er nach Deutschland zurück und wurde dort mehrere Male mit dem Fallschirm abgeworfen, um Lagepläne der Konzentrationslager anzufertigen. 1947/48 kam Curt Ponger mit F. C. Weiskopf nach Prag, wo er Lotte und Louis Fürnberg traf. Er war damals UNRRA-Offizier (siehe dazu die Anmerkung zu S. 56). Ponger kehrte nach Wien zurück. Wien war damals in Sektoren aufgeteilt. Er lebte im sowjetischen Sektor in der Paulanergasse. Ein Radiohändler, in dessen Laden Curt Ponger verkehrte, denunzierte ihn bei den Amerikanern wegen angeblicher Spionage. Da ihn die Amerikaner im sowjetischen Sektor nicht verhaften konnten, beobachteten sie ihn und zerrten ihn in ein Auto, als er im amerikanischen Sektor mit seiner Tochter Schlittschuh lief. Er wurde sofort in die USA geflogen, während man seine Tochter zur Mutter zurückbrachte. In den USA wurde Curt Ponger wegen Hochverrats und Spionage angeklagt. Vor dem Todesurteil rettete ihn seine österreichische

Staatsbürgerschaft. Er wurde zu fünfzehn Jahren Zuchthaus verurteilt. Im Zuchthaus von Atlanta hatte Curt Ponger ein Ingenieurstudium absolviert. Früher war er Goldschmied gewesen. Während der Haft hatte er dem Zahnarzt assistiert und später die Gefangenen alleine behandelt. Als Curt Ponger nach zehn Jahren nach Österreich ausgeliefert wurde, war seine Frau gestorben. Für die Kinder hatten Freunde gesorgt. Nach dem Tod von Louis Fürnberg kam Curt Ponger noch einmal zu Lotte Fürnberg nach Weimar. Jetzt war er Vertreter von ORWO. Seine zweite Frau, Edith Ponger, lebt immer noch in der Paulanergasse in Wien. Von ihr und von Lotte Fürnberg bekam ich die Informationen über Curt Pongers Schicksal. Er starb 1978 mit sechsundsechzig Jahren in Wien.

Seite 43 Eines der *Gedichte, die Fürnberg im Gefängnis geschrieben hatte*, ist ein Liebesgedicht für Lotte Fürnberg:

*Auf Dein Bild, das nachts auf meinem Herzen schläft*

*Da lieg ich nun im Dämmer auf der Schwelle des Traumes, hingewandt, Dich dort zu finden, wo sich millionenmal im Kreislauf ründen die Träume meiner Tage in der Zelle.*

*Und Du bist alles, Urlicht, Anfang, Quelle*
*und wieder Weltenmeer, in das sie münden,*
*und Strahlenbündel, die sich jäh entzünden,*
*ergießen Himmelslicht in eine Hölle.*

*Wie war es nur, eh dies Gesicht mich traf?*
*Eh sich die sanfte Stirne zu mir beugte?*
*Eh sich die Lippe meinem Kuß erschloß?*

*Wie soll ich klagen, da ich Dich genoß,*
*ganz mein, und selig Seligkeiten zeugte?*
*Und so in Dir, entschweb ich nun im Schlaf.*

Fürnberg nahm später dieses Gedicht, leicht verändert, in »Wanderer in den Morgen« auf; das hier abgedruckte ist die ursprüngliche Fassung.

Seite 52 *Fürnberg* schreibt *über Else Lasker-Schüler* in einem Brief an Ernst Sommer in London am 26. Oktober 1944: »Die Lasker-Schüler hat ein neues Gedichtbüchlein, ›Mein blaues Klavier‹, in einer Ausgabe von 300 Exemplaren veröffentlicht, ganz wundervoll, ganz groß. 30 Exemplare wurden verkauft. Sie erhielt 2½ £. Sie ist verrückt (ein bißchen bewußt verrückt!), bösartig, gutherzig, komisch und göttlich. Mich haßt sie, aber sie ist ein Menschenwunder...«

Seite 56 *UNRRA:* United Nations Relief and Rehabilitation Administration, wurde am 9. November 1943 in Washington von vierundvierzig Nationen gegründet, um die von den Deutschen besetzten Gebiete später wirtschaftlich zu unterstützen.

Seite 56  Bei diesem *Feiertag* muß es sich um einen Gedenktag der Partisanen handeln.

Seite 57  Fürnberg notiert am 26. 3. 1946 in seinem Tagebuch: »Ich bin seelisch geneigt, der Verzweiflung anheimzufallen – geistig aber opponiere ich. Ich halte das Dichten von verzweifelten Stimmungen für unmenschlich und antihuman. Ich begehre dagegen auf.«

Die hier zitierten Zeilen stammen aus dem Gedicht:

*Nichts ist schöner*

*Nichts ist schöner als des Menschen Herz,*
*nichts ist schöner, als es schlagen hören,*
*alle Engel lauschen erdenwärts*
*seinem Singen, seinem Aufbegehren.*
*Nichts ist schöner als des Menschen Herz!*
*O es trägt – es übt sich im Ertragen*
*schon von früh. Sein zarter Hammer schlägt*
*in die Tiefe, die das Tiefste hegt,*
*schlägt und schlägt und hört nicht auf zu*
*schlagen,*
*einen dicken Wall aus Stein und Erz!*
*Nichts ist schöner als des Menschen Herz!*
*Und dann trägt es! Immer höher streben*
*Pfeiler auf, in die sein Schicksal geht.*
*Balken tragen riesenhafte Decken.*

*Risse klaffen und der Todesschrecken
zieht sie gräberwärts wie ein Magnet.
Doch es schlägt und schlägt und schlägt fürs*
*Leben,*
*schlägt die Angst, die Ohnmacht und den*
*Schmerz!*
*Nichts ist schöner als des Menschen Herz!
Und es träumt, es wagt und es erfindet
Ausweglosem Richtung, Weg und Tor!
Wie es die Zyklopen überwindet
in der Schlacht, die es noch nie verlor!
Nimm es Leben! Fühl doch: dir gehört's!
Nichts ist schöner als des Menschen Herz!*

Seite 57 *Koffer* in der Wüste Sinai, El Shatt:

Aus Fürnbergs »Tagebuch der Heimreise« (Text: Erste Freude, aber frühe Ernüchterung. Die Skepsis ist die einzige Basis in diesen Tagen, von der man nicht herabstürzt. Unsere »stráž« (Wache) mit den langen Stöcken Schwarzhandel treibend.)

Seite 58 *Den Mitmenschen*

Als die Nachricht von der Ermordung der Nächsten nach Jerusalem zu uns kam.

*Trag nur wer kann sein Herz auf die Straße!*
*Wen es erleichtert, der tob und verfluch!*
*Nur keine Tröstung wie aus einem Buch!*
*Nur keinen Balsam aus schleimiger Masse.*

*Das, was geschah nach menschlichen Launen,*
*läßt sich nicht fassen mit Wort und mit Spruch.*
*Laßt es uns unterm Leichentuch.*
*Laßt uns leiden und laßt uns staunen!*

*Treten wir aber durch eure Tür,*
*laßt das Geschehne geschehen sein*
*und mißdeutet in uns keine Mahnung.*

*Laßt uns glauben, ihr könnt nichts dafür.*
*Die Vergangenheit ist in uns Stein.*
*Laßt uns der Zukunft freundliche Ahnung!*

*1945*

*Walter Fürnberg wurde 1942 in Buchenwald bei medizinischen Versuchen umgebracht.*

```
                    4847

  M u s k u l u s , Alfred              ASR
  geb.5.1.12 zu Homburg v.d.H.
    7.6.38 verstorben
-.-.-.-.-.-.-.-.-.-.-.-.-.-.-.-.-.-.-
  P i o n t k o w s k i , Heinz        Sch.
  geb. 20.10.12 zu Königsberg
           verstorben 3.1. III. 1940
-.-.-.-.-.-.-.-.-.-.-.-.-.-.-.-.-.-.-
  J u n g w i r t h, Josef             ASR
  geb. 12.9.12. zu Annaberg            D

           Mauthausen 22.5.41
-.-.-.-.-.-.-.-.-.-.-.-.-.-.-.-.-.-.-
  F ü r n b e r g , Walter             Polit.
  geb. 3.4.13 Karlsbad                 Jude

        verstorben  5. VI. 1942
-.-.-.-.-.-.-.-.-.-.-.-.-.-.-.-.-.-.-
  M a k a r c z u k , Theodor          AEH
  geb. 9.11.13 Dluga-Niwa/Kowel        Pole kr
        Überführt  16. VII. 1942
-.-.-.-.-.-.-.-.-.-.-.-.-.-.-.-.-.-.-
  P a z d e r k i l o w , Nikolaj      Polit.
  geb. 21.11.22 in Dekutowo            Ukrain.
```

Seite 60  Der *Jahrestag der Befreiung* ist der 9. Mai.

Seite 65  Es gab in der tschechoslowakischen Literatur eine Richtung, die *Poetismus* hieß, zu der Nezval zählte und der sich auch Fürnberg in seiner eigenen Arbeit verbunden fühlte. Der Poetismus war eine literarische Avantgardebewegung der zwanziger und dreißiger Jahre, die sich aus der marxistischen Dichtergruppe

»Devětsil« gebildet hatte. Dazu gehören auch J. Seifert und K. Teige. Nezval beschreibt den Poetismus als eine Richtung, die »freie Imagination und die Notwendigkeit der Souveränität des dichterischen Werks« betont. Der Poetismus lebt aus der »Phantasie und aus den Quellen des Wortes selbst«.

Das *Buch von Julius Fučík*, dessen Übersetzung Lotte Fürnberg damals nicht beenden konnte, war eine Reportagesammlung über die Sowjetunion: »Eine Welt, in der das Morgen schon Geschichte ist«.

Seite 66 *Epilog*

> *Wenn ich einmal heimgeh,*
> *dorthin, woher ich kam,*
> *aus den Tiefen der Wälder*
> *und hinter den Ur-Nebeln hervor,*
> *wird mein Heimweh nach der Erde*
> *nicht geringer sein.*
> *Ich werde keine Ruhe finden*
> *und mit dem Staub kämpfen,*
> *der tun wird, als wäre er meinesgleichen.*
>
> *Mit den ersten Schneeglöckchen werde ich*
> *auf den Wiesen stehn,*
> *die noch gelb sind vom Winter.*
> *Mit den Maulwürfen*
> *werde ich die Erde aufbrechen über mir.*

*Wenn ich einmal heimgeh,
dorthin, woher ich kam,
werde ich ein Fremder sein
an meinem Ursprung.*

Seite 67 *Slánský-Prozesse:* Stalinistische Säuberungsprozesse in Prag, die sich über mehrere Jahre hinzogen und durch die das gesamte Führungsgremium der Kommunistischen Partei ausgewechselt, hingerichtet oder zu langen Freiheitsstrafen verurteilt wurde. Rudolf Slánský, der Generalsekretär, wurde im Dezember 1952 hingerichtet. Das Urteil wurde 1962 aufgehoben, Slánský aber erst 1968 rehabilitiert.

Seite 68 Es handelt sich hier um *Jürgen Serkes Buch* »Böhmische Dörfer. Wanderungen durch eine verlassene literarische Landschaft«, Zsolnay Verlag, 1987.
Einblick in die lebenslange Freundschaft zwischen Louis Fürnberg und Oskar Kosta geben sowohl ein Aufsatz Kostas, der zu Fürnbergs 50. Geburtstag 1959 in einem Gedenkband erschien, als auch die Briefe Fürnbergs an Kosta (veröffentlicht in der zweibändigen Briefausgabe) und Kostas Briefe an Fürnberg, die sich im Fürnberg-Archiv in Weimar befinden.

Seite 71 *Autobiographie von Willy Verkauf-Verlon:* »Situationen. Eine autobiographische Wortcollage«. Verkauf-Verlon zitiert dort das St. Galler Tageblatt vom 17. Januar 1953:»In Prag wurde der tschechoslowakische Legationsrat Louis

Fürnberg, der bisher bei der tschechoslowakischen diplomatischen Vertretung in Berlin tätig war, verhaftet, weil er mit dem hingerichteten Slánský befreundet war.«

Fürnberg war damals weder im Gefängnis, noch war er mit Rudolf Slánský befreundet.

Das Gedicht, das Fürnbergs Gefängnisaufenthalt belegen soll:

*Schwere Stunde*

*Der Regen fällt, die Zeit wird immer trüber,*
*ein Licht erlöscht, dann löscht ein zweites aus,*
*man treibt uns wieder in die Nacht hinaus,*
*– – ach, wär es schon vorüber...*

*Vielleicht sind wir um eines größren Ziels*
*zum Opfer ausersehn; dann heißt es*
                              *schweigen,*
*auch wenn uns Schmerz und Scham den*
                              *Nacken beugen*
*im Anblick dieses Spiels.*

*Oh, wüßt ich nur, wo ich die Härte fänd,*
*um ruh'gen Bluts mich selbst zu überwinden,*
*die Hand hinstreckend, daß sie mir sie binden,*
*– dem Brandmal lachend, wenn es noch so*
                              *brennt.*

Seite 75 *Zu dem Vorfall mit den Pässen:* Fürnberg hatte während seiner Zeit in der Diplomatie in Berlin den Minister Paul Wandel kennengelernt, von dem er wußte, daß er mit dem Mann, den Fürnberg belasten sollte, bekannt war. Es traf sich, daß Paul Wandel sich in diesen Tagen in Prag aufhielt. Man hatte von Fürnberg verlangt, daß er zu der ganzen Angelegenheit schweigen und eine gewisse Telefonnummer anrufen solle, falls er es sich überlegen und doch gegen den Mann aussagen wolle. Fürnberg hielt sich nicht an das Schweigegebot und sprach mit Paul Wandel über diese Angelegenheit. Dann rief er unter besagter Nummer an, um mitzuteilen, daß er dem Minister von der Sache berichtet habe. Daraufhin bekamen Lotte und Louis Fürnberg die Pässe.

Seite 78 *»Ich nahm vom Leben...«:* Die vollständige Strophe aus dem Gedicht *»Nach Mitternacht«* lautet:
*Es spinnen sich weiße Fäden und weben
um meine Haare ein silbernes Netz,
Ich nahm vom Leben, ich zahle mit Leben,
es ist ein wunderbares Gesetz,*
...

Seite 79 *XX. Parteitag:* 14.–25. Februar 1956. Chruschtschow verurteilt in einer Rede den Machtmißbrauch Stalins und den Personenkult. Die Rückbesinnung auf Lenin steht im Mittelpunkt des Versuchs, die Partei innerhalb des Staates zu festigen. Stalin-Denkmale werden abmontiert, von den Straßen verschwindet sein Name.

*André Gide* berichtete *über die stalinistischen Prozesse* in: »Retour de l'U.R.S.S.R.«, 1936.

*Lion Feuchtwanger* beschrieb seine Erfahrungen in: »Moskau«, 1937.

Seite 85 Der *Maler* war Reinhard Schmid, der sich später Schmidhagen nannte.

Seite 87 Fürnberg schreibt in der *»Krankengeschichte«*: »Ich fühlte, daß ich so, wie ich wieder lernen mußte zu gehen, auch wieder würde lernen müssen zu lernen. Was hielt mich seit Jahren zurück von der Beschäftigung mit den grundlegenden Problemen des Geistes, der Geschichte der geistigen Kämpfe und Auseinandersetzungen, was schreckte mich, mich auf den Weg zu den Müttern zu begeben, furchtlos und bereit, auch die unbequeme Weisheit zu entdecken? Wohin war ich mit all meinem Praktizismus geraten, und war der Praktizismus mein persönlicher Fehler, oder schwamm ich nur mit dem Strome, weil es Mode war, mit dem Strom zu schwimmen? Wie konnte ich diese Stagnation als Schriftsteller verantworten?
... Warum wütete ich innerlich gegen die Vulgarisatoren des Marxismus-Leninismus, statt mich lernend zu wappnen, um gegen sie auftreten zu können? Galt meine Entschuldigung, daß es Berufenere als ich *nicht* taten? Natürlich galt sie nicht, durfte sie nicht gelten!
Hatte die Krankheit, die mich darniedergeworfen hatte, am Ende nicht auch einen anderen als einen physiologischen Sinn? Verpflichtete mich das ›Memento mori‹, das sich jäh vor mir erhoben hatte, nicht zu größerer Gewissenhaf-

tigkeit?... Ein neues, ein durchaus neues Leben würde begonnen werden müssen – soviel stand fest...«

Seite 108 Die Zeile »*Über der Hütte...*« stammt möglicherweise aus einem Gedicht von Erich Weinert.

Seite 109 Es handelt sich hier um das Gedicht »der tag der hirten« von *Stefan George*.

Seite 110 *Otto Braun* war SPD-Politiker, Mitglied der Weimarer Nationalversammlung, von 1920–1933 mit kurzer Unterbrechung preußischer Ministerpräsident (»Roter Zar von Preußen«). Emigrierte 1933 in die Schweiz.

Seite 126 Der *Oberstabsfeldwebel*, der Huchel rettete, war Kurt Zackor aus Wiesbaden. Über all die Jahre hatte er Huchels Werdegang aus der Ferne verfolgt und sich schließlich im Dezember 1988 bei Monica Huchel gemeldet.

Seite 128 ...*in meiner Wohnung, die wir mit einem Kanonenofen wärmten:* Alfred Kantorowicz beschreibt in seinem »Deutschen Tagebuch« die erste Nacht, die er in Berlin verbrachte, als er aus den Vereinigten Staaten zurückkehrte:
»Dann gingen wir gemeinsam zu ihm, und so verbrachte ich die erste Nacht seit vierzehn Jahren in Huchels zerbombter Behausung, neben dem kleinen eisernen Ofen, den wir beständig mit Holzresten und Abfällen füttern

mußten, damit er im Umkreis von etwa einem Meter ein wenig Wärme spendete.« (S. 254) Kantorowicz verwechselt hier die Wohnungen. Er hatte bei Monica Huchel in der Dahlmannstraße übernachtet, nicht bei Peter Huchel in der Bayernallee.

*Memoiren von Markus Wolf*: »Die Troika«, Düsseldorf 1989.

Seite 129 Die beiden Zeilen stammen aus dem Gedicht *»Sommerabend«*: Huchel hat zwei Gedichte mit diesem Titel geschrieben. Das hier erwähnte wurde in den Band »Gedichte«, Aufbau-Verlag 1948, aufgenommen, während das andere sich im Nachlaß befand und in den »Gesammelten Werken« veröffentlicht wurde.

Seite 132 *Stephan Hermlin* äußert sich dazu in einem »Spiegel«-Interview vom 6. 2. 1989:
*Hermlin:* Ich mache Sie darauf aufmerksam, daß unter allen Volksdemokratien die DDR der einzige Staat war, der sich den Anweisungen Berijas widersetzte. Berija machte damals eine Rundreise durch alle Hauptstädte. Überall forderte er Köpfe, überall stand man gebückt vor ihm und gab ihm die Köpfe, die er forderte – die hervorragendsten Kommunisten Polens, der Tschechoslowakei, Ungarns, Bulgariens, Rumäniens – nur hier nicht. Hier gab es auch einen harten, mutigen Mann, das war Walter Ulbricht. Der sagte zu Berija: Fahren Sie nach Hause.

Seite 134

> Ab 1. Januar 1949 erscheint
>
> # SINN UND FORM
>
> BEITRÄGE ZUR LITERATUR
>
> HERAUSGEBER: JOHANNES R. BECHER UND PAUL WIEGLER
> CHEFREDAKTEUR: PETER HUCHEL
>
> Inhalt des ersten Heftes
>
> Romain Rolland: Römischer Frühling · Oskar Loerke: Die Jahre des Unheils
> Wladimir Majakowski: Ich selbst · C.-F. Ramuz: Über Dostojewski
> Elio Vittorini: Die Knechtschaft des Menschen · Vítězslav Nezval: Gedichte
> Hans Reisiger: Gespräch und Eleusinischer Gesang
> Gedichte aus der Résistance · Hermann Kasack: Der Webstuhl
> Gerhart Hauptmann: Traum · Ernst Niekisch: Zum Problem der Elite
>
> Die weiteren Hefte enthalten u. a. Beiträge von
>
> Gaston Baissette · Bertold Brecht · Alfred Reinhold Böttcher · Günther Eich
> Maxim Gorki · Bernhard Groethuysen · Stephan Hermlin · Herbert Jhering
> Gertrud Kolmar · Theodor Kramer · Werner Krauss · Horst Lange · Georg
> Lucacs · Hans Mayer · Herbert Roch · Adolf Rudnicki · Albrecht Schaeffer
> Anna Seghers · Nikolai Tichonow · Günter Weisenborn · Arnold Zweig
>
> Die Zeitschrift wird in zweimonatlicher Folge erscheinen. Umfang des Einzelheftes etwa 160 Seiten, Format 16×24 cm. Preis des Einzelheftes DM 4.—, Jahresabonnement DM 20.—, Staffelrabatte. Bezug ausschließlich durch den Buchhandel. Ein Prospekt zur Unterrichtung von Interessenten steht auf Wunsch zur Verfügung. Sonderhefte außer Abonnement.
>
> RÜTTEN & LOENING
> IN DER POTSDAMER VERLAGSGESELLSCHAFT

Seite 136 Die *Bodenreform*, d. h. die Enteignung des Großgrundbesitzes, war bereits als Grundlage eines sozialistischen Wirtschaftssystems vor der Gründung der DDR in die Wege geleitet worden.

Ab 1952 wurden die bäuerlichen Betriebe in den landwirtschaftlichen Produktionsgenos-

203

senschaften kollektiviert. Dieser Prozeß war bis 1960 abgeschlossen.

Seite 137 *Susanne Kerckhoff* veröffentlichte ihre Kritik zum 2. Heft von »Sinn und Form« in der »Berliner Zeitung« vom 27. 4. 1949 unter dem Titel »Rausch und Tränen und Särge«.

*Brechts Barlach-Artikel* erschien in Heft IV/1 1952.

S.139,140 Der *Aufsatz von Marcel Reich-Ranicki über Weinert* erschien in Heft V/2 1953.

Peter Huchel äußert sich zu all dem in einem Interview mit Hansjacob Stehle in der »Zeit« 1972, das auch 1984 in den »Gesammelten Werken«, Band 2, veröffentlicht wurde, und beschreibt Schwierigkeiten bereits in einem Brief an Hans Henny Jahnn vom 26. 3. 1952:
»Dazu kommt, daß ich seit der Übernahme der Zeitschrift durch die Deutsche Akademie der Künste nicht mehr die volle Aktionsfreiheit besitze, die ich vorher hatte. Besonders in letzter Zeit habe ich – das sei Ihnen vertraulich mitgeteilt – manches einstecken müssen, und es ist nicht immer leicht, die Zeitschrift auf der gewohnten Höhe zu halten. Ich blicke oft mit Schmerz auf die ersten beiden Jahrgänge zurück. Ich hoffe aber, daß eine endgültige Aussprache mit Becher manches klären wird.«

Seite 140 Huchel wurde nach der Rückkehr aus der UdSSR gekündigt. Brecht intervenierte. Dieses Kündigungsschreiben wurde bislang oft erwähnt, aber noch nie publiziert:

Deutsche Akademie der Künste
Der Direktor
Berlin, den 15. Mai 1953
Herrn
Peter Huchel
Wilhelmshorst b. Potsdam
Eulenkamp 6

Sehr geehrter Herr Huchel!
Das Präsidium der Deutschen Akademie der Künste hat beschlossen, eine grundlegende Umgestaltung der Zeitschrift »Sinn und Form« vorzunehmen. Es ist Ihnen bekannt, dass aufgrund der Regierungsverordnung die Zeitschrift mit einem Minimum an Subventions- oder sogar ohne Subventionsmittel geführt werden muss. Das bedeutet, dass wir sowohl organisatorisch als auch ideologisch die Zeitschrift vollkommen neu gestalten müssen.
Das Präsidium der Deutschen Akademie der Künste sieht sich aus diesem Grunde leider gezwungen, Ihren Einzelvertrag zum nächstmöglichen Termin zu kündigen. Lt. §2 werden die Kündigungsfristen geregelt. Danach ist der Vertrag mit dem *30. November 1953* abgelaufen.
Ich bitte Sie, nach Ihrer Rückkunft an einer der nächsten Präsidiumssitzung teilzunehmen, die

regelmässig jeden Mittwoch, nachmittags 16.00 Uhr, stattfindet.
Mit bestem Gruss
Ihr
gez. Unterschrift

Seite 140 *Arnold Zweig fragte Louis Fürnberg* in einem Brief im Mai 1954:
»Wir brauchen Dich, lieber Louis, in Berlin, und zwar in der Akademie der Künste und mit Huchel als Hauptherausgeber von ›Sinn und Form‹. Von Weimar aus ist das nicht zu machen, unsere Zweimonatsschrift krankt schon daran, daß Huchel in Wilhelmshorst sitzt und ebenda seine Redaktion und er nur zweimal wöchentlich in Berlin ist. Dabei verkenne ich nicht die Härte, die darin liegt, daß er eben zweimal wöchentlich nach Berlin fahren und in der Akademie Sprechstunde abhalten muß.«
Louis Fürnberg antwortet am 29. Mai 1954 darauf:
»Der Gedanke, an der Redaktion von ›Sinn und Form‹ mitzuarbeiten, ist gewiß verlockend, aber ich bezweifle, ob ich der geeignete Mann dafür bin...«

S.140,141 Zu Huchels Auskünften an die *Übersetzer* ein Auszug aus einem Brief an Ludvík Kundera, den tschechischen Übersetzer, vom 31. Januar 1958:
»... Aber beginnen wir mit Ihrem Fragebogen:
1. *Schilf* und *Rohr* sind nicht besonders zu unterscheiden.

*Röhricht* bezeichnet eine Mehrzahl von Schilfpflanzen, z. B. den dichten Schilfsaum an Gewässern.

*Binsen* auf sauren Wiesen und sumpfigem Boden wachsende grasähnliche Pflanzen der Gattungen Juncus und Luzula.

2. *Algen* keine besondere Gattung, sondern diese Pflanzenart als solche. Es gibt unzählige Arten Süßwasseralgen.

Also *keine* Meeresalgen; die Algen des Teichs...

4. *Zacken* und *Zweige* Zacken sind zum Unterschied von Zweigen derb, knorrig. Es ist ein mundartlicher Ausdruck. Kiefernzacken, im Sinne von trockenem Geäst; Brennholz.

5. *Klettenmarie* eine alte Magd, die stets Kletten (botan. Arctium L.) am Rock hatte; *nicht* spöttisch gemeint, sondern im Gegenteil: zärtlich, märchenhaft vom Kind gesehen. ›Alte Marie‹ ginge notfalls.

6. »Wendische Heide« *Heide* muß beibehalten werden, *Steppe* darf *nicht* gebraucht werden.

Seite 142 *Bitterfelder Weg:* 1959 fand in Bitterfeld eine Tagung statt, die unter dem Leitsatz »Kumpel, greif zur Feder, die sozialistische Nationalkultur braucht dich!« die Künstler und Intellektuellen mit der Basis, d. h. den Arbeitern verbinden sollte. Die ersteren sollten in die Betriebe gehen, während die letzteren in ihren künstlerischen Möglichkeiten gefördert wurden. Huchel und »Sinn und Form« wurden auf dieser Tagung scharf kritisiert. 1964 folgte eine zweite

Bitterfelder Konferenz und 1992 eine dritte unter der These »Kunst – Was soll das?«
Zu Alfred Kurella und diesem Vorwurf äußert sich u. a. David Pike in »Deutsche Schriftsteller im Sowjetischen Exil, 1933–45«, Frankfurt am Main 1981, S. 465 und S. 482 sowie Anm. Nr. 167.

Seite 148 *Kurellas Brief* in vollständigem Wortlaut:

Deutsche Akademie der Künste
Sektion Dichtkunst und Sprachpflege
– Der Sekretär –
Berlin, 23. April 1963

Lieber Peter Huchel!
Auf der ganzen Rückfahrt kam ich nicht von folgendem Gedanken los: Mit Ihrer bisher wiederholt bewiesenen Stellung zu unserer Republik und zu einem antifaschistischen Deutschland müssen Sie doch verstehen, daß durch die Veranstaltung des Westberliner Senats ein neues Faktum entstanden ist, das Sie nicht hinnehmen können.
Einmal zugegeben, daß Sie noch im guten Glauben handeln konnten, als Rudolf Hartung Sie im Namen der Jury der Akademie um Ihre Zustimmung zu der Preisverleihung bat, liegen die Dinge jetzt doch anders. Ich habe Sie mehrmals im Gespräch darauf aufmerksam gemacht: Der Preis ist jetzt ein Preis des Westberliner Senats, des Brandt-Senats. Sie haben wiederholt von Würde und von Stolz gesprochen. Es kann weder Ihre Würde noch Ihren

Stolz verletzen, wenn Sie zu dem neuen Tatsachenbestand neu Stellung nehmen und Rudolf Hartung etwa in folgendem Sinne schreiben: Sie haben in dem Beschluß der Jury eine Würdigung Ihres dichterischen Werkes gesehen. Inzwischen ist der Preis aber übernommen und verteilt worden durch den Westberliner Senat. Sie müssen sich versagen, diesen Senat politisch zu qualifizieren. Aber Sie können aus der Hand dieses politischen Gremiums, dessen Handlungen Ihrer politischen Überzeugung zuwiderlaufen, keinen Preis entgegennehmen. Deshalb müssen Sie mit dem Ausdruck des Leidwesens gegenüber der Jury Ihre Zustimmung zu dem Preis rückgängig machen.

Das soll kein »Entwurf« sein – so ungefähr würde ich in dieser Lage einen solchen Brief schreiben. Aber inhaltlich ist das der Schritt, den der Peter Huchel tun muß, den wir als Dichter und als jahrelangen Mitstreiter im Kampf gegen Faschismus und Krieg kennen und achten gelernt haben.

Sie können versichert sein, daß durch einen solchen Akt Sie nicht nur in unserer Republik viele Menschen wieder für sich gewinnen würden, sondern daß Ihnen auch die Zustimmung und die Achtung vieler Menschen sicher wäre, die mit uns und mit Ihnen Gegner einer Politik sind, wie sie durch den Brandt-Senat vertreten wird.

Umgekehrt wird es uns schwer sein, wenn Sie sich nicht in dieser Weise von dem Brandt-Senat distanzieren, mit Ihnen über alle die vielen

Einzelfragen zu reden, die Sie in unserem Gespräch in Form von Widerspruch, Klagen, Gekränktsein vorgebracht haben.

Ich wäre Ihnen dankbar, wenn Sie sich dieses Hauptanliegen meines Besuches noch einmal in aller Ruhe überlegen und im Laufe des morgigen Vormittags (Mittwoch) Herrn Dr. Hossinger von Ihrer endgültigen Entscheidung Mitteilung machen würden. In der aufrichtigen Hoffnung, daß uns die gemeinsame Grundlage einer antifaschistischen Haltung gewahrt bleibt,
Ihr
(Professor Kurella)

Seite 149 »*Hubertusweg*«, Anfangszeilen:
*Märzmitternacht, sagte der Gärtner,*
*wir kamen vom Bahnhof*
*und sahen das Schlußlicht des späten Zuges*
*im Nebel erlöschen. Einer ging hinter uns,*
*wir sprachen vom Wetter.*
*Der Wind wirft Regen*
*aufs Eis der Teiche,*
*langsam dreht sich das Jahr ins Licht.*

Huchels Gedichte, die *Katja und Klaus Wagenbach* mit in den Westen nahmen, erschienen unter dem Titel »Chausseen Chausseen« 1963 bei Fischer, wo Klaus Wagenbach zu dieser Zeit Lektor war.

*Walter Jankas Buch* »Schwierigkeiten mit der Wahrheit«, Hamburg 1989.

Seite 151 *Axel Vieregg* hatte den Bezug zum *Propheten Jesaja* bei der Entschlüsselung des Gedichts »Ankunft« hergestellt.

Huchel schrieb in dieser Zeit:

*April 63*

*Aufblickend vom Hauklotz
im leichten Regen,
das Beil in der Hand,
seh ich dort oben im breiten Geäst
fünf junge Eichelhäher.*

*Sie jagen lautlos, geben Zeichen
von Ast zu Ast,
sie weisen der Sonne
den Weg durchs Nebelgebüsch.
Und eine feurige Zunge fährt in die Bäume.*

*Ich bette mich ein
in die eisige Mulde meiner Jahre.
Ich spalte Holz,
das zähe splittrige Holz der Einsamkeit.
Und siedle mich an
im Netz der Spinnen,
die noch die Öde des Schuppens vermehren,
im Kiengeruch
gestapelter Zacken,
das Beil in der Hand.*

*Aufblickend vom Hauklotz
im warmen Regen des April,*

>     *seh ich an blanken*
>     *Kastanienästen*
>     *die leimigen Hüllen*
>     *der Knospen glänzen.*

Seite 151 *Ophelia*

>     *Später, am Morgen,*
>     *gegen die weiße Dämmerung hin,*
>     *das Waten von Stiefeln*
>     *im seichten Gewässer,*
>     *das Stoßen von Stangen,*
>     *ein rauhes Kommando,*
>     *sie heben die schlammige*
>     *Stacheldrahtreuse.*
>
>     *Kein Königreich,*
>     *Ophelia,*
>     *wo ein Schrei*
>     *das Wasser höhlt,*
>     *ein Zauber*
>     *die Kugel*
>     *am Weidenblatt zersplittern läßt.*

Seite 152 Aus »*Hubertusweg*«:
>     *An diesem Morgen*
>     *mit nassem Nebel*
>     *auf sächsisch-preußischer Montur,*
>     *verlöschenden Lampen an der Grenze,*
>     *der Staat die Hacke,*
>     *das Volk die Distel,*
>     *steig ich wie immer*
>     *die altersschwache Treppe hinunter.*

Seite 162 Dieses Gedicht gehört zu den *vier letzten Gedichten*, die Huchel schrieb. Sie wurden von Monica Huchel dem bereits abgeschlossenen Band »Die neunte Stunde« auf Drängen des Verlags hin nachgereicht.

Seite 165 Titel des *Katzenbuchs* von Monica Huchel: »Fürst Myschkin und die anderen«, Frankfurt am Main 1985.

Seite 166 *Der Garten des Theophrast*

Meinem Sohn

*Wenn mittags das weiße Feuer*
*Der Verse über den Urnen tanzt,*
*Gedenke, mein Sohn. Gedenke derer,*
*Die einst Gespräche wie Bäume gepflanzt.*
*Tot ist der Garten, mein Atem wird schwerer,*
*Bewahre die Stunde, hier ging Theophrast,*
*Mit Eichenlohe zu düngen den Boden,*
*Die wunde Rinde zu binden mit Bast.*
*Ein Ölbaum spaltet das mürbe Gemäuer*
*Und ist noch Stimme im heißen Staub.*
*Sie gaben Befehl, die Wurzel zu roden.*
*Es sinkt dein Licht, schutzloses Laub.*

# *Namenregister*

Abusch, Alexander　131, 139 f., 143
Adenauer, Konrad　112
Adorno, Theodor W.　137
Aichinger, Ilse　144
Anders, Władysław　56
Arendt, Erich　141

Babel, Isaak　26, 145, 186
Barlach, Ernst　115, 137, 204
Barthel, Kurt　siehe *K*uba
Baumeister, Willi　123
Becher, Lilly　32, 133, 183
Becher, Johannes R.　82, 132 f., 135, 139 f., 183, 204
Beck, Ludwig　117
Beckmann, Max　159
Beněsch, Eduard　185
Benn, Gottfried　117, 119, 137
Bergner, Elisabeth　39
Berija, Lawrentij Pawlowitsch　73, 132, 202
Bessel, Ehmi　110
Biermann, Wolf　143
Bloch, Ernst　131 f., 135, 137, 142
Bloch, Karola　132
Blumenthal, Hilde　107
Böll, Heinrich　148
Braun, Otto　110, 201
Brecht, Bertolt　18, 36, 62, 131, 135, 137 f., 140 f., 144, 183, 204 f.
Bredel, Willi　32, 63, 145, 148
Brod, Max　26
Budjonny, Semion Michailowitsch　26

Celan, Paul　144
Chruschtschow, Nikita　22, 79, 142, 199
Croce, Benedetto　158

Döblin, Alfred　19
Dönhoff, Marion Gräfin　159

Ebert, Heidi　112, 114
Ehrenburg, Ilja　20
Ehrlich, Wolf　53
Eich, Günter　144
Eisler, Hanns　65
Engels, Friedrich　18
Erpel, Fritz　135, 144
Etz, Hansi　111 ff.

Fedin, Konstantin Alexandrowitsch　137, 140
Feldbinder, Else　123
Feuchtwanger, Lion　18 f., 79, 200
Field, Noel　72, 132
Fischer, Paul　110–113
Fischl, Otto　70
Fragonard, Jean Honoré　111
Franco, Francisco　33
Frenkel, Marcel　110
Freund-Frejka, Ludwig　69
Friedrich der Große　163
Frisch, Max　153
Fučík, Julius　65, 196
Fühmann, Franz　76
Fürnberg, Alena　63 f., 83, 91, 98, 178 ff.
Fürnberg, Louis　7, 16–101, 140, 177–180, 185–201, 206

Fürnberg, Miša   17, 48–52,
  54–57, 61, 63 f., 81, 83, 91, 98, 178 f.
Fürnberg, Walter   58, 194 f.

García Lorca, Federico   33
George, Stefan   109, 201
Gide, André   79, 108, 199
Gies, Ludwig   115
Girnus, Wilhelm   132, 137
Goebbels, Joseph   118
Goethe, Johann Wolfgang
  von   75 f.
Goldstücker, Eduard   72
Gorbatschow, Michail   26, 89
Gotsche, Otto   144
Gramse, Michael   122
Grotewohl, Otto   131
Grüning, Uwe   149
Grundig, Lea   85
Grzimek, Bernhard   134

Haak, Babette   158
Haak, Dieter   158
Haas, Willy   128, 182
Hager, Kurt   145 f.
Hamsun, Knut   115
Harich, Wolfgang   137, 141
Hartung, Rudolf   208
Heartfield, John   32, 77
Heine, Heinrich   108, 163
Hemingway, Ernest   33
Herder, Johann Gottfried   76
Hermann, Gerti   21
Hermlin, Stephan   63, 130, 132,
  147, 202
Herzfelde, Wieland   32
Hindenburg, Paul von   110
Hitler, Adolf   22, 28, 33, 37, 43,
  47, 79, 118 f.
Höber, Jo   110
Hölz, Max   41, 188
Hölz, Traute   41, 72
Huchel, Peter   7, 80, 116–173,
  181–184, 201–213

Huchel, Stephan   105, 133 f., 143,
  150, 154, 157 f., 165 f., 170, 173

Ihering, Herbert   125

Jacobsen, Jens Peter   108
Jacobsohn, Siegfried   186
Jahnn, Hans Henny   204
Janka, Lotte   149
Janka, Walter   129, 132, 141,
  150, 156 f., 210
Johnson, Uwe   154
Johst, Hanns   111
Just, Gustav   141

Kästner, Anita   159
Kästner, Erhart   159
Kästner, Erich   110
Kafka, Franz   21
Kafka, Gabriele (Elli)   21, 186
Kantorowicz, Alfred   201 f.
Karst, Roman   141
Kaufmann, Arthur   112
Kaufmann, Miriam   112
Kerckhoff, Susanne   137, 204
Kesten, Hermann   158
Kind, Enno   124
Kipphardt, Heinar   161
Kirsch, Rainer   80
Kisch, Egon Erwin   32, 188
Kolmar, Gertrud   137
Kosta, Oskar   17 f., 27, 67 ff., 72,
  197
Kosta, Thomas   69
Kragen, Wanda   141
Kraus, Karl   20, 52
Krauss, Werner   135, 137
Kuba (d. i. Kurt Barthel)   63, 65,
  81 f., 138, 179
Kundera, Ludvík   149, 206
Kurella, Alfred   142 f., 148,
  208 ff.

Langhoff, Renate   110

Langhoff, Wolfgang  110
Lasker-Schüler, Else  52, 191
Lenin, Wladimir Iljitsch
  18, 22, 26, 199
Lessing, Gotthold Ephraim  107
Lewis, Sinclair  19
Lincoln, Abraham  118
Lorca  siehe García Lorca
Lukács, Georg  141

Majerová, Marie  65
Makarenko, Anton Semjonowitsch  186
Mánes, Josef  65
Mann, Heinrich  18
Mann, Katja  150
Mann, Thomas  28, 133 f., 147, 188
Maraun, Frank  117 ff., 123
Marceau, Marcel  143
Marchwitza, Hans  63, 142
Marcuse, Herbert  137
Marx, Karl  18, 26, 80
Masaryk, Jan  41, 185, 188
Masaryk, Tomáš Garrigue  188
Masereel, Frans  28
Mayer, Hans  84, 138, 142, 157
Mehring, Walter  17, 19
Meinhof, Ulrike  138
Melis, Eva Catharina  115,
  156 f., 169, 181 f.
Melis, Fritz  114–117, 119, 123,
  181
Melis, Roger  116 ff., 143, 157,
  169, 181
Morat, Franz Armin  159
Mussolini, Benito  46

Narr, Charlotte  134, 144
Nezval, Vítězslav  65, 195 f.
Niekisch, Ernst  137
Nietzsche, Friedrich  108
Nilsen, Annette  149
Nilsen, Jan  149
Nowak, Hans  118

Nuschke, Otto  138

Ognjew, Nikolai  110

Paul, Bruno  115
Pfefferkorn, Josef  11 f., 14, 18,
  24, 29, 33, 36, 41 f., 59, 64, 94
Pfefferkorn, Lina  11 f.,
  14, 18, 33, 39, 59, 64, 94
Piaf, Edith  117
Pieck, Wilhelm  77, 131
Pike, David  208
Podewils, Graf  157 ff.
Poelzig, Hans  125
Ponger, Curt  43, 189 f.
Ponger, Edith  190
Poschmann, Rosemarie  82 f.

Raffé, Major  154 ff.
Rebling, Eberhard  178, 185
Reich-Ranicki, Marcel  135,
  139, 141, 204
Reichenbacher, Inge  152
Reiner, Martin  77
Reinerová, Magda  77
Renn, Ludwig  32, 63, 135
Rilke, Rainer Maria  28, 52, 108,
  123
Ristić, Marco  47, 49
Robakidse, Grigori  117
Röhl, Klaus  138
Rommel, Erwin  50
Rosenthal, Elisabeth  106 f., 109,
  112, 167, 181
Rosenthal, Otto  106, 108 f., 167,
  181

Sartre, Jean-Paul  144
Scharrer, Adam  32
Schaefer, Oda  126
Schiller, Friedrich  76
Schmeil, Otto  134
Schmidhagen, Reinhard  85, 200
Schnitzler, Karl Eduard v.  128

217

Schopenhauer, Arthur 108
Seghers, Anna 127, 144
Seifert, Jaroslav 196
Serke, Jürgen 68, 197
Serra, Richard 160
Shaw, George Bernard 18
Silone, Ignazio 158
Sinclair, Upton 19
Slánský, Richard 41, 72
Slánský, Rudolf 41, 72, 197 f.
Sommer, Ernst 191
Stalin, Josef W. 22, 26, 52, 73, 79, 199
Stehle, Hansjacob 204
Storm, Theodor 108

Tabori, George 153
Teige, Karel 196
Thalheim, H. G. 180
Tito, Broz 85
Tolstoi, Leo 127
Trotzki, Leo 22
Tucholsky, Kurt 17, 19

Uhse, Bodo 63, 145
Ulbricht, Walter 22, 132, 138, 143, 146, 153, 202
Ursula
  siehe Wogan, Ursula

Verkauf-Verlon, Willy 71, 197
Vieregg, Axel 151, 211

Wagenbach, Katja 149, 210
Wagenbach, Klaus 149, 210
Wandel, Paul 198 f.
Wedekind, Frank 18
Weigel, Helene 141
Weinert, Erich 139, 201, 204
Weiskopf, F. C. 32, 140, 189
Wendt, Erich 147 f.
Wertheimer, Annie (Annerl) 12, 14 ff., 20, 29, 31, 33 f., 36, 41, 50
Wertheimer, Hugo 11 f., 14–20, 24, 29 ff., 33 ff., 41 f., 46, 50, 61, 64, 93, 96, 177
Wilde, Oscar 16, 109
Wölki, Rosa 107 f.
Wogan, Ursula 120 ff., 124, 127 f.
Wolf, Christa 76
Wolf, Friedrich 63, 128, 132
Wolf, Gerhard 84
Wolf, Markus 128, 202

Zackor, Kurt 126, 201
Zimmering, Max 63
Zweig, Arnold 53, 55, 65, 82, 135, 140 f., 206


*Fotonachweis*

S. 93–95, S. 96 unten, S. 97 unten, S. 98 und 99: aus dem Privatbesitz von Lotte Fürnberg; S. 96 oben und S. 97 oben: Foto Hannes Beckmann; S. 100 oben: Foto Willy Verkauf, Wien/Louis-Fürnberg-Archiv, Weimar; S. 101: Louis-Fürnberg-Archiv, Weimar.
S. 67–173: aus dem Privatbesitz von Monica Huchel; S. 172 unten: Foto Roger Melis.
Die Autorin und der Verlag danken Lotte Fürnberg und Monica Huchel, Rosemarie Poschmann und dem Louis-Fürnberg-Archiv in Weimar für die freundliche Überlassung der Fotos.

*Ulrike Edschmid*, 1940 in Berlin geboren, aufgewachsen in der Rhön/Hessen. Studium der Literaturwissenschaften, Erziehungswissenschaften und an der Deutschen Film- und Fernsehakademie Berlin, kurze Tätigkeit als Lehrerin. Lebt in Berlin.
Im Luchterhand Literaturverlag erschien von Ulrike Edschmid *Diesseits des Schreibtischs. Lebensgeschichten von Frauen schreibender Männer*, 1990 (SL 908).

**Ulrike Edschmid im Luchterhand Literaturverlag**

**Diesseits des Schreibtischs**
Lebensgeschichten von Frauen schreibender Männer
Mit einem Vorwort von Barbara Hahn
272 Seiten. Sammlung Luchterhand 908

Die Lebensgeschichten von Hildegard Bronnen, Renate Bronnen, Anna Ditzen (– Fallada), Pia Kipphardt, Irene Kreuder, Katharina Leithäuser und Liselotte Zoff.

»Hier kommen die zu Wort, die sonst ohne eigene Stimme neben einem schreibenden Mann leben. Ihr Ort war und ist in der Literatur ebenso wie in der Theorie über Literatur ein stummer Ort, ein Echo. Wie leben Frauen an diesem Ort, heute, vor vierzig, fünfzig Jahren? Aus der Neugier an dieser Frage wurden Begegnungen, die sich in einem ungewöhnlichen Buch niedergeschlagen haben, ein Buch, bei dem nicht zu klären ist, wer es geschrieben hat ... Ein behutsames Buch, ohne festschreibenden Gestus, mit Achtung auch vor dem, was an einem anderen Leben unverständlich und fremd bleibt.«
*Barbara Hahn*

**Hans Sahl im Luchterhand Literaturverlag**

**Memoiren eines Moralisten**
Sammlung Luchterhand 932. 240 Seiten
Der erste Teil von Hans Sahls Erinnerungen. Ein brillant erzählter Erlebnisbericht und zugleich ein Stück deutscher Geschichte von 1902 bis 1933, dem Jahr, in dem Sahl aus Deutschland fliehen mußte.

**Das Exil im Exil**
Memoiren eines Moralisten II
232 Seiten. Gebunden
Eine Veröffentlichung der Deutschen Akademie
für Sprache und Dichtung
Auch in der Sammlung Luchterhand 967
»Ein souveräner Stilist und weiser Sarkast ist am Werk, Vergangenheit wird greifbar, Menschen bekommen Farbe, das Panorama der Emigration entrollt sich, mit einer Fülle an tragischen und absurden Details.« *Der Spiegel*

**»Und doch...«**
Essays und Kritiken aus zwei Kontinenten
Herausgegeben von Klaus Blanc
Sammlung Luchterhand 980. 272 Seiten
Scharfsinnige Kritiken und Essays aus den Jahren 1925 bis 1991

**Hans Sahl im Luchterhand Literaturverlag**

**Die Wenigen und die Vielen**
Roman einer Zeit
Sammlung Luchterhand 1008. 288 Seiten
Einer der großen Romane über das Exil
»In Sahls Werk kann man das Jahrhundert besichtigen, in allen seinen Sprüngen und aberwitzigen Verwerfungen.«
*Franz Josef Görtz*

**Wir sind die Letzten**
**Der Maulwurf**
Gedichte
184 Seiten. Broschur
Die Gedichte des Moralisten und Einzelkämpfers Hans Sahl, Selbstbefragungen, kritische Betrachtungen und Botschaften eines überlebenden Exilschriftstellers an unsere Zeit.

**Der Tod des Akrobaten**
Erzählungen
192 Seiten. Gebunden
Mit diesem Band liegen Hans Sahls Erzählungen gesammelt vor, darunter auch bislang unveröffentlichte: Geschichten aus den Zwanziger Jahren bis in die Gegenwart